後設倫理學之基本問題

黃慧英 著　東大圖書公司 印行

後設倫理學之基本問題／黃慧英著. --
再版. --臺北市：東大發行：三民總
經銷，民83
　　　　面；　　　公分. --（滄海叢刊）
參考書目：面134-140
ISBN 957-19-0216-0 （精裝）
ISBN 957-19-0217-9 （平裝）

1.倫理學-哲學，原理　I.黃慧英著

190.1/8338

© 後設倫理學之基本問題

著作人	黃慧英
發行人	劉仲文
著作財產權人	東大圖書股份有限公司
	臺北市復興北路三八六號
發行所	東大圖書股份有限公司
	地　　址／臺北市復興北路三八六號
	郵　　撥／〇一〇七一七五──〇號
印刷所	東大圖書股份有限公司
總經銷	三民書局股份有限公司
門市部	復北店／臺北市復興北路三八六號
	重南店／臺北市重慶南路一段六十一號
初　版	中華民國七十七年十二月
再　版	中華民國八十三年 八 月

編　號　E 19020

基本定價　貳元陸角柒分

行政院新聞局登記證局版臺業字第〇一九七號
著作權執照臺內著字第六八四四二號

關 於 倫 理 學 的 研 究

——代 序——

所謂《倫理學》(Ethics) 原是人類哲學思想中歷史很長的一支理論，但也是最接近實際生活的理論。由於其歷史甚長，所涉的問題、基本觀念及理論架構都有頗為複雜的演變。從事這個領域的研究，並非易事。另一面，由於它最接近實際生活，表面上似乎與常識阻隔最少。因之，不曾從事哲學研究的人，也每每對這方面的問題輕易地大發議論。這就使倫理學這門學問，在常識了解中，顯不出它的莊嚴性。這是目前一般人對哲學的種種誤解之一。

其實，倘若我們了解倫理學研究的發展演變及現狀，則可知這種研究正有許多困難。

先就傳統一面講。倫理學理論或道德理論，一向在西方世界是不具獨立地位的理論。柏拉圖與亞里斯多德，都是將這種理論作為形上學理論的導生物看待。由此而有「存有論模式」的道德哲學。中古時期，希伯來傳入歐洲的基督教義，立神學為一切學問之根據，

道德理論自然是神學的附庸。而所謂「神」同時亦是唯一的形上實有，於是專就道德理論的地位說，仍是某一意義的形上學的導生物。這種模式，直到康德建立「實踐理性」觀念時方有改變。但在康德哲學的全面建構中，「主體性」方是第一義的觀念，而這種「主體論」的哲學，是用來取代存有論的形上學；以純粹意志及理性法則為中心的康德道德哲學，在理論地位上，則成為「主體論」的導生物。而就工作程序看，康德建立「主體性」觀念，乃由認知活動下手，而非由道德意志活動下手。其理論先後次序，即顯示我所謂的「導生」的意義。至於康德哲學建構完成後，論者如拋開康德的工作程序，而在另一意義下探究康德哲學的中心所在，則自可有不同解說或主張，但那是另一問題了。

邊沁及密爾的功效主義 (Utilitarianism)，通常被人看成脫離或反抗傳統道德理論的新思想，其實，若就企圖解答「善」的意義問題而言，功效主義的基本取向仍上承亞里斯多德的思想。不過，它是經驗主義思潮下的產物，因此，對形上學的依賴性便不很強。這裏還看不見傳統與現代兩種道德觀的大歧異。

真正就現代西方文化而論，道德的意義的基本改變，在於它落在經驗生活的「遊戲規則」（Game Rules）上。內在品質或精神境界一類的觀念，都可以置諸不論之列，道德的解釋遂化歸社會生活中之功能觀念。這樣，道德理論的思考，遂完全封鎖在經驗現象的層面中。這是現代西方文化的一個重大特色。而在這種情況下，道德理論雖似乎不再依賴形上學或主體論，它却變成受社會科學決定的附屬理論了。今日談倫理學的人，所以會談種種「職業倫理」，卽因為他們心目中的道德問題，基本上只是社會生活中的「遊戲規則」問題。

但就哲學界內部而言，哲學家們又有另一趨向。他們運用意義論及語言解析的技巧，提出所謂「後設倫理學」（Meta-ethics）。但他們的工作結果，實在只作了一種特殊的語言哲學的研究，並非建立了一種道德理論。至多只能說是為較嚴密的新道德理論提供了一種基據而已。

這種傳統與現代道德觀念及理論的歧異，本身便透顯出一個鉅大的哲學問題，至今尚未有妥善出路。若是我們再以中國的傳統道德哲學與西方相比，則更

可看見一個進一步的問題。中國儒學，自孔孟的原始理論看，即是以「成德」為中心的學說。其建構是始於德性，終於德性，與西方倫理學或道德哲學完全不同。而在孔子的「仁、義、禮」之說，與孟子的「性善論」中，實在隱隱包含「本性論」及「主體論」的理路。日後宋明儒立說，或有所偏重；因此有二程及朱熹的形上學結構，和象山陽明一系的心性論途徑。但儒家無論是談形上學問題或自覺主體問題，基本上皆為「成德」而立，並非將道德哲學看成一種導生物。至於社會生活的秩序或規則問題，則自始即繫歸於道德意志，與西方的內外分立頗為不同。今日世界正受科技文明的宰制，因之，人本身的德性問題已被人忽視。但人忽視的問題並非自身即真正消失，於是，人類畢竟應持何種道德觀念，仍是個未決的難題。而中國道德哲學在未來的道德哲學之重建中能扮演何種角色，則更應是中國哲學家所關切的大事。

黃生慧英，在本科時期，即勤讀儒學；其後赴英攻讀現代倫理學說，取得碩士學位後，又返中大攻讀哲學博士學位課程。她的志向是要統觀東西方道德哲學的主要理論，而另行勘定未來道德哲學之路向。其

學位論文即表現這種研究工作的初步成果。我在指導
她寫論文時，主要只助她清理各種理論，而未嘗以我
自己的觀點來影響她。她目前所持的論點，如對功效
主義的看法及對赫爾的評斷之類，皆不一定與我所見
相同。但我深知她用力之勤及志向之堅定，也深信她
若繼續努力下去，必有所成。

　　現在她的論文出版，我略談自己對倫理學理論的
看法，以表明我對她的期望。

　　　　勞　思　光　一九八八年秋於香港

前　言

　　本書主要討論倫理學上的兩個重要問題：道德語言的問題與「爲何道德」的證立問題。

　　雖然從有關道德語言的後設倫理理論，並不一定能推論出特定的道德學說（見＜後設倫理學與規範倫理學＞一章），然而在認取任何道德體系之前，去釐清：「當我們作道德判斷時，我們是在做甚麼——描述事實？宣洩情感？表達主觀意願？指令行爲？」是能幫助我們不致輕易犯上邏輯或概念上的謬誤的。

　　所謂道德語言的問題，就是關於道德語言如「應該」、「好」、「壞」等的性質及邏輯的問題；道德語言究竟與描述語言有沒有不同？對這問題提供否定答案的是描述主義。描述主義者基於對人的了解，認爲某些事物或行爲與某些道德字詞有着邏輯的關連，例如：道德字詞可藉行爲的自然性質來界定，而這蘊涵，從實然的描述可推論出應然的判斷。在＜自然主義的謬誤＞一章裏，會討論道德字詞可否被自然性質界定，更根本的是，道德字詞可否被界定等問題；而在＜實然與應然的關係＞一章裏，則專論從實然的前提可否推論出應然的結論。

　　指令論者卻提供與描述主義者相反的答案，他們認爲，道德語言不單有描述涵義，更有特殊的評價涵義，且以後者爲基本。評價涵義絕不能化約爲描述涵義。這種關於道德語言的分析預設了對「道德是甚麼」的觀點——道德是指導我們的行爲的，而這不是單純的描述語言所可勝

任。在＜指令論的理論＞一章裏詳述了指令論者關於道德語言的特性的
學說。

　　本書羅列了關於描述主義與指令論這兩種後設倫理學說的論證及對
它們的評論，並且指出，描述主義是不能接受的，而指令論則較爲可取
（雖然它本身亦存在不少問題）。從指令論推論出來的現代效益主義則
更可視爲提供了在道德推理過程中，可依賴的根本道德原則。

　　現代效益主義作爲一種道德推理的學說，與中國的儒家有相似的地
方，但前者不能對「爲何我應該道德」這最後的問題，提出滿意的解答；
儒家因爲不是從倫理分析推論出來的道德學說，且不是一個單純關於道
德推理的原則的體系，它對於道德的根源方面，也提出了完整的理論，而
這理論適可解決「爲何道德」的問題。

　　最後兩章，是討論儒家學說是否必然排斥效益主義，以及分析儒家
學說中的道德語言，儒家具有那種後設倫理立場的問題。

　　本書希望在道德語言的定性方面，藉着批評比較當代的倫理學說，
而建議一可取的觀點，並且對於「爲何道德」的問題，提出積極的解
答，使我們將認取或建立的道德學說，有一穩固的根基。

目　次

第一章　後設倫理學與規範倫理學

下列三類問題都被認為是屬於倫理學範圍下的問題：(1)我是否應該說謊？偷竊是否壞行為？(2)佛教徒是否不贊成說謊？(3)「應該」、「好」、「對」等字有甚麼涵義（meaning），即當人說：「我應該做這事。」時，他意指（means）甚麼？但是在細察下，這三類問題是截然不同的，第一類屬於道德或規範倫理學（Normative Ethics）的問題，第二類屬於描述倫理學（Descriptive Ethics）的問題，第三類則屬於後設倫理學（Metaethics）的問題。

研究第一類問題，即是研究甚麼應該作、甚麼不應該作、如何訂出好壞的標準、處事應有的態度等。說「應該作某事」即表示講者接受了某一道德觀點，在該觀點下作出上述的道德判斷，以指導個人的行為。描述倫理學是對某一類人持有甚麼道德觀的研究，所以描述倫理語句的真假值，乃決定於人們實際上持有何種道德觀的事實之上。後設倫理學則專門探討道德字詞的涵義及邏輯性質。

讓我們集中討論，後設倫理學與規範倫理學的關係。後設倫理學在規範方面是否中立呢（Are Metaethical Theories Normatively Neutral）？依照威廉・布萊克斯多（William T. Blackstone）❶，這問

---

❶ William T. Blackstone, 'Are Metaethical Theories Normatively Neutral?', *Australasian Journal of Philosophy*, (1961), reprinted in K. Pahel & M. Schiller (eds.), *Readings in Contemporary Ethical Theory*, (Prentice-Hall, Inc., 1970).

題可有六種不同的詮釋，因而有不同的答案。

一、這個問題可詮釋為：接受某一套後設論理學的理論，是否會影響我們的道德生活呢？亦即是否會影響我們變更作道德判斷的程序呢？在這詮釋下，問題屬於經驗上的因果關係的範圍，所以解答亦是經驗的。從經驗的觀察看來，接受某一套後設倫理學的理論，會影響我們的道德判斷，是很可能的。

二、討論中的問題亦可理解為：一個人在規範倫理方面的信念，是否邏輯地涵衍 (entail) 他的後設倫理理論？有些倫理學者的確從他個人在規範倫理方面的立場，演繹出後設倫理學的觀點，但布萊克斯多認為，後設倫理學理論並不必是一個人的倫理評價的反映，倫理學者不一定要特意以他在規範倫理學方面的見解來定義倫理概念，相反地，他可以認取一些道德上中立的定義，如將「應該」、「好」等字，藉着用途或功能來界定。如此，在上述的詮釋下，後設倫理學可以是道德上中立的。

三、第三種詮釋是：後設倫理學理論是否涵衍某些規範倫理語句？布萊克斯多認為，不管認取怎樣的後設倫理理論，一個人仍然可以決定是否贊成某些道德判斷，亦即是說，在規範倫理語句與任何的後設倫理理論之間，沒有任何形式的不相容 (formal incompatibility) 的地方，故此，對這問題的答案是否定的。但是，這種說法是富爭論性的，我們押後討論。

四、問題亦可以形構成：後設倫理學理論是否涵衍某方式的道德證立 (moral justification)？布萊克斯多認為，關於倫理詞語及語句涵義的理論，都邏輯地涵衍一特殊的道德證立方式，亦即是說，一個人要去證立道德判斷的方法，邏輯上決定於倫理判斷被理解的涵義；所以對這問題的答案是肯定的。

　　五、第五種詮釋乃是：後設倫理理論是一種對道德語言的描述（此即爲規範方面中立）、還是一種指令（prescription）──指令道德語言應該如此運用及詮釋❷？很多倫理學者都聲稱自己的後設倫理理論是描述地眞的學說，但當舉出現實上的例子來反證該等學說時，他們便說，那不是道德字詞的「眞正」涵義，而所謂眞正的涵義，其實就是他們認爲道德字詞所應有的用法，故他們的學說是指令的，如此，在上述的詮釋下，不是在規範方面中立的❸。

　　六、「後設倫理學是否在規範方面中立？」亦可詮釋爲：「後設倫理的分析是否有一規範方面的功能？」所謂規範方面的功能，就是使我們的道德討論較爲清晰、一貫的功能。後設倫理的分析的確在關於我們的道德經驗的性質及邏輯方面，能改正我們在第二序上的錯誤及澄清第二序上的含混，因而使我們在作第一序的道德判斷時較爲理性。

　　第三種詮釋下的問題與本文關係較大。本文着重討論兩種後設倫理學觀點：描述主義（Descriptivism）與指令論（Prescriptivism），此二觀點曾掀起不息的爭論，所以在近代倫理學史上甚爲重要。指令論認爲接受關於道德字詞的涵義的分析，並不能決定選取何種道德判斷，亦卽是說，道德字詞的涵義邏輯上並不涵衍任何道德判斷，如此，作爲後設倫理學的指令論並不涵衍任何規範倫理學說。描述主義則認爲，某些道德判斷，已包含在道德字詞的涵義之內，亦卽道德字詞的涵義可邏輯地

---

❷　這詮釋中涉及的「應該」，並不是指道德上的應該，只是指在某一語言學說的系統下，必然如此吧了。故就算某套後設倫理理論確實根據特定的語言學說而來，而說道德語言「應該」如此運用及詮釋，這後設倫理學也是道德上中立的。

❸　H. J. McCloskey 認爲，藉着概念分析來建立後設倫理理論，而對於甚麼應該算作證據，不作特意的規定，是可能的。見 H. J. McCloskey, *Meta-ethics and Normative Ethics,* (Martinus Nijhoff, The Hague, 1969), Ch. 1.

涵衍規範的道德學說。所以，對於「後設倫理學是否在規範方面中立?」
的問題，指令論與描述主義提供恰恰相反的答案❹。

　　下一章將展示上述兩種後設倫理學的論證及問題。

---

❹　布萊克斯多根據的是非描述主義的立場，所以提供此問題的答案是否定的。

第二章　後設倫理觀點的抉擇

一、描述主義

A. 描述主義的理論及批評

1. 描述主義的論證

　　菲力帕・符特 (Philippa Foot) 認爲，一表式如「好的Ａ」的正確用法，是根據某一特定的關於「好」的準則的，不能隨意以任何一套準則，來鑿定「好的Ａ」；因此，對於以爲任何準則都是邏輯上可能的，而以個人的選擇來決定「好的Ａ」的說法，她是堅決反對的。在題爲＜好與選擇＞❶的文章內，爲了攻破上述的說法，她提出了兩方面的論證：一、個人的選擇Ａ並不是他說「Ａ是好的」的充份條件；二、那亦不是說「Ａ是好的」的必要條件。

　　在建立第一論證方面，符特首先指出，有些東西的名稱，主要展現的是那些東西的功能，例如「刀子」這字詞的涵義就在於刀子的切割功能。因此，如果有一部族，從來不拿我們所稱的刀子作切割用途，而作別的用法的話，那麼，我們不會叫那件與我們的刀子外貌相同的東西作

❶ 'Goodness and Choice', *Proceedings of the Aristotelian Society, Suppl.*, vol. xxxv (1961), reprinted in W. D. Hudson, (ed.) *The Is-Ought Question*, (The Macmillan Press Ltd., 1979).

「刀子」的，卻會根據該部族的用法，給予另一相應的名稱。像「刀子」等字詞可稱爲「強義的功能字詞」(functional words in the strong sense)，它們所代表的東西的好的準則，主要在於它們能充份滿足或實現其功能。例如，好的刀子必須鋒利，以盡切割之能事。所以，可以說，強義的功能字詞的涵義，包含了好的準則在內，而「好的刀子切割良好」這語句，可以視爲分析命題。刀子、鋼筆等是我們爲了特定的用途而設計製造出來的，但「眼睛」、「肺」等所表示的東西，雖然不是我們所造，亦因其涵義乃在其功能方面，故亦是強義的功能字詞。

至於弱義的功能字詞，就是那些不能從事物的名稱來決定其功能的字詞，例如書本中的「附錄」；儘管如此，好的準則仍可以從事物的功能來決定。另外有些字詞，雖然我們可從它們的涵義，推論(derive)出那些字詞所代表的事物（或人）的好的準則，我們且根據這些人所作的事來爲他們命名，但很難說該等事物（人）有所謂功能或用途，如「農夫」、「騎師」、「說謊者」等。

符特想論證的是，功能字詞如「刀子」、「眼睛」，非功能字詞如「農夫」、「說謊者」等，所代表的事物的好的準則，都在於這等字詞的涵義上，是由其涵義所決定的，不能由個人隨意訂出。這些事物都有固定的功能與職責，能滿足此等功能和職責，便是好的，當然我們可以利用這些事物作特殊（異於正常）的工作，而爲了去完成該工作，去選擇一些我們平常認爲劣的事物，並因此稱那些被選擇的事物爲好。但是，符特認爲，在這情況下所謂好，只是「對於某人的目的而言是好」、或「在某目的下是好」或「以他的觀點看來是好」而已，我們不能以個人的選擇作爲「稱某事物爲好」的充份條件。

同樣，既然如果某些事物滿足了它應有的功能和職責，我們便稱之爲好，那麼，我們稱某事物爲好，並不一定要選擇它，因爲那件好的事

物，可能不符合我們當前的目的及特殊的需要。於是，我們可以見到，選擇某事物並不是我們稱之爲好的必要條件。

符特的論點，主要說明事物是有它們的特徵上的目的（characteristic purpose），事物的好壞準則，必須根據這些目的來訂定，故此準則不能隨個人的一時好惡而變。有人所以錯認爲，事物的好壞與個人的選擇有密切關係，乃由於一般的選擇，都是有意義的（have a point），並非無的放矢，所以很多時候都切合事物的特徵上的目的而作出，但由於選擇本身包含人爲的隨意性的一面，所以不能以個人的選擇作爲好壞準則。

除了事物有其特徵上的功能以外，人的行爲也有固定的性質，不能隨意稱爲好。符特在＜道德信念＞❷一文中指出，有些哲學家❸以「讚許（commendation）爲「好」的基本涵義，而由於我們可讚許任何東西，所以「好」與被稱爲好的事物，只有外在的關連。她反對這說法，卻提出：一種被稱爲好的行爲所以被稱爲好，是因二者之間有着內在關連（internal relation），好行爲與其被稱爲好的理由之間的關係，並不是偶然的。

我們可以「危險」作一類比。危險的事物是我們在通常情況下所要避開的，因此，說：「那裏有危險。」有着警告的意味。但除了警告以外，這語句對於所指謂的處境，是有一定的描述的。「危險」是指可能對我們身心造成傷害的情況，不是任何的情形都可稱爲危險。而「傷害」這字詞更有其確定的涵義，也不是可以隨便使用的。受傷害是一壞事，它所以是壞的根源繫於所有人的根本需求之上——每個人都有理由希望他的肢體能活動自如，所以若問爲何受傷是壞事，只表示問者未能

---

❷ 'Moral Beliefs', *Proceedings of the Aristotelian Society*, LIX (1985), reprinted in *The Is-Ought Question*, op. cit.

❸ 她是指赫爾（Richard Hare）。

掌握「傷害」的涵義。可以造成傷害的行為，是危險的，是我們所要避免的，因此，「我們要避開它」這態度與「它是一危險的行為」有着內在的關連，即是說，「避開」可從「危險」的涵義中推論出來。同樣，勇敢的行為是值得讚頌的。

符特承認，我們當然可以指出一些情況，是我們歡迎危險的事物，或者指斥勇敢的行為的，但她說，這不影響「危險」、「勇敢」等與我們在這些處境中所採取的態度，有着內在的關連的說法，因為上述那些特殊的反應，雖然是邏輯上可能的，卻是在特殊的背景下才會發生。

符特進一步指出，我們稱為好的行為，或者所謂德行，是與我們的根本需要密切相關的。我們不能隨意否定被稱為好的行為是好的，這是由於稱某行為為好，必定有一些理由，這些理由與我們的基本需要有關，而後者又不能隨意更改的緣故。另一方面，我們也不能隨便稱任何一行為為好，例如不能說某人一小時內鼓掌三次，是一好行為，因為若如此說，必須給出該行為的意義（point），而在一般情況下，這樣的行為是沒有意義的。邏輯上我們當然可能給出一種情況，使得該行為有意義，但如上述，這必定牽涉特殊的背景。歸根究底，一行為的好壞，是決定於它是否滿足我們的根本需要。「道德上的善行必然與人類的禍福相關，這肯定是明顯的，而隨便稱任何東西是福或禍是不可能的。」❹

有些行為必定是好的，因為它們滿足了我們的根本需要，但讚許好行為，未必能使我們願意去作這些行為，符特認為，此中有意志薄弱問題，使得說一行為是好的的基本涵義，就在於蘊涵「讓我去作」的態度這一理論，難以成立。

但是，依照符特的推論，我們如何將某些德行，如謙遜、儉樸等與我們的根本需要關連起來呢？較難以解釋的是「公平」，因為在很多事

❹　同❷　p. 205.

件中，公平未必對所有人都有利，譬如說，不公平可能更有利於強者，那麼，在這樣的情況下，強者為何要維護公平呢？符特也覺察到這問題，並企圖分析出，公平也是對所有人，不論強者或弱者，都是有利的，她的論點主要建基於對人性及人的心理事實的理解之上，而由此推論出公平的行為可滿足人的基本需要。此涉及了「為何我應該道德」的問題，留待專章詳論。

　　關於「為甚麼公平是好的」或「為何我應該道德」的問題，雖然我們暫時擱置，然而這無礙於對符特其他論點的討論。若依照符特的說法，我們對事物的評價，都在於該等事物對人是福是禍的事實上，如此，若大家都同意了有關的事實，便必定同意評價，而道德上的爭論是不可能的。但是，道德爭論的存在是一公認的事實，而且爭論的發生，往往在關於要評價的事物對人是禍是福的事實之外。符特的理論，並不能解釋這些現象。另一方面，若符特的理論成立，則當我們確定某些行為符合我們的幸福，因而視為德行之後，有關的道德原則便毋須改善，換句話說，在符特的理論下，道德上的改善是不可能的。但回顧歷史，我們見到，對於相同的事實，人類的評價卻不斷更新。

　　事實上，符特認為很多事物的好壞準則，早已包含於事物本身的涵義內，例如「好農夫」就是指種植田地而獲得豐收的人，「好騎師」就是善於駕馭馬匹的人等等，是我們大致沒有異議的，但這只是由於，我們對農夫及騎師的目的，沒有爭論罷了。然而，我們仍可追究，怎樣才算是善於駕馭——用暴力、還是用馴服的方法❺？這便激起不同的意見了。同樣，就算我們同意，行為的好壞準則在於它對人是禍是福的事實上，但是，怎樣才算是造福於人，怎樣才算是遺禍於人呢？符特的基本

---

❺　從這裏可見，符特把好壞準則固定於人的需要上，是一種道德上以人為中心的思想。

錯誤在於認爲，人的禍福是固定不移的元素，是擺在眼前顯而易見的事實（只包含描述涵義），是對所有人來說都沒有不同的。但事實並非如此，對某人來說是禍的，對他人來說卻是福，而這並非決定於事實，卻與個人的道德信念（涉及評價）有關，根據這些信念，對於某些事實，可視爲與道德的決定是相干的。因此，一個人可以否定別人道德判斷的理由，或者否定該理由的重要性。

甚至符特所舉關於傷害的論據，也可質疑。傷害固然確指某些事實，但傷害是否違反人的根本需要，而人皆欲避免的呢❻？非力普斯（D.Z. Phillips）與蒙斯（H.O. Mounce）在＜關於道德之爲有意義＞❼一文中，舉出基督教聖經中聖保羅（Saint Paul）及白蘭坦奴（Brentano）的例子，指出他們並不以身體上的傷殘爲壞事，基於他們有某些信念，而不以軀殼爲重。

符特認爲，事物的涵義已包含好壞的準則，這相當於認爲，從事物的描述涵義可直接推論出評價來，換句話說，評價只是對事物的描述，例如，說一行爲是勇敢的行爲，就是說該行爲具有某些非評價的性質；而對於形容事物的字詞來說，其中的描述涵義與評價涵義是分不開的，否則便違反了該字的用法。稱一行爲是勇敢的行爲，便卽是讚許該行爲，否則便是誤用了該字。這樣，我們不可能用「勇敢」來描述一行爲，而同時聲稱「我不同意這樣作」。因爲「勇敢」一字除了描述一行爲是如此如此之外（例如：面對危險而不表現懼怕），還必定表示我們的讚許態度。如此，「讚許」邏輯上緊連於字詞的描述涵義，使用者不能獨立於該字詞的描述涵義而給予自己的評價。對這種主張，赫爾（Richard

❻ 關於這問題，詳盡的分析可參考 R. M. Hare, 'Wrongness and Harm', *Essays on the Moral Concepts,* (The Macmillan Press Ltd., 1972).
❼ 'On Morality's Having a Point', *Philosophy,* (1965), reprinted in *The Is-Ought Question,* op. cit.

Hare）特別造了一名稱來指謂，那就是描述主義（Descriptivism）❽

　　在＜描述主義＞❾一文中，赫爾駁斥了描述主義的若干論證。他指出，對於一些事物的某些方面（例如酒的味道），因爲從來沒有一些詞彙來準確地描述它們，所以我們讚許它們時，通常只說「好」，於是，習慣後，我們當作只有這樣（例如：具有某比例的甜味與酒精味與香味等）才是好，如此，也造成了描述與評價不可分的情形，赫爾認爲，只要我們創一詞彙來描述事物的那種狀態，問題便可解決。這樣的話，我們乃可用該詞彙作純粹描述用途而另外加以自己的評價。赫爾更認爲，把描述與評價分開，能協助我們發展文學藝術的批評，因爲只有這樣作，我們才可說出一件好的藝術品好在那裏，而不光是說「它是好的」。

　　有些描述主義者則主張，某些事物是好的，因爲它們具有「可欲的特性」（desirability characterization）（例如一如上述，符特便認爲可欲的特性是能滿足人類根本需要的性質），於是，這些事物邏輯上必然是好的。然而赫爾卻指出，這種說法其實是混淆了可欲的特性的兩種意含（sense）的後果。第一種意含就是，關於事物所以成爲欲望的對象的一項描述。每當我們認爲某事物是好的，必定基於該事物的一些特性，一些我們認爲可欲的、或導致可欲的的特性。雖然如此，在這意含下，並沒有規定甚麼東西是可欲的，而只是當我們說某東西具有可欲的特性時，我們是指，因爲該東西是可欲的，所以它是好的而已。可欲的特性的第二種意含，就是指邏輯上與我們的欲望關連着的一種特性，例如：樂趣、令人愉快等。在這意含下，若說某事物有樂趣或令人愉快，然而卻完全不是可欲的，在邏輯上是說不通的。這樣的說法，也沒有限定甚麼東西是有樂趣或令人愉快的，所以，邏輯上並沒有將某些東西與

---

❽　見'Descriptivism', *Proceedings of the British Academy*, (1963), reprinted in *The Is-Ought Question*, op. cit.

❾　同上。

「可欲」或「好」關連起來。有些描述主義者以爲可以藉下列的途徑建立
他們的學說：首先，我們認爲好的東西具有可欲的特性（不管是指那一
意含。但爲了論證的緣故，我們假定此前提在兩意含下都是眞的），然
後，指出只有某些字詞是可欲的特性（意含二）的描述。由此證明，只
有某些東西具有可欲的特性（意含一），於是，只有某些東西是好的。
我們可擧例來說明上述的論證：(1)好的東西具有可欲的特性；(2)只有有
樂趣（或者令人愉快、舒服……等)才是可欲的（意含二）；(3)只有具有
有樂趣(或者令人愉快、舒服……等)的特性的東西（如游泳）才是可欲
的（意含一），所以，只有游泳等是好的。明顯地，我們可以見到，這
裏假定了「游泳是一種樂趣乃不移的事實」，而此論證的謬誤在於可欲
的特性的兩種不同解釋，以及誤認爲假若證明了某些字詞必須或不能與
「某事物是好的」的語句關連起來，則證明了某些事物必須或不能是好
的。但是，只要我們沒有犯上不一貫的謬誤，則我們隨時可以認爲某些
新事物是好的，或渴求這些新事物。赫爾說：「甚麼能令甚至一名描述
主義的哲學家產生欲望，是沒有邏輯限制的；因此，假如甚麼被認爲好
（邏輯上）的論證，是基於甚麼是被渴求的（邏輯上）之上，那必然是
不成功的。事實是，邏輯告訴我們，如果一個人聲稱渴求某一東西，那
麼，有某些字詞是他一定不能加於其上的；或者亦有某些別的字詞，最
少其中一些是他必定準備應用的。」❿所以，假定保存性命是大多數人
的根本需求，但若某人認爲竭力保存性命是不好的，或甚至認爲危害性
命是好的，他並沒有觸犯邏輯規則，只是在道德上有點怪異（moral
eccentric）（嚴重者令人不能明白）罷了！

　　針對於符特在＜好與選擇＞一文中的論點，赫爾指出，選擇某東西
是稱該東西爲好的一主觀條件，並非該東西被稱爲好的客觀條件。換句

---

❿　同上，pp. 251–252.

話說，某人選擇某東西是他認爲該東西是好的條件，但卻不是該東西是好（或稱之爲好是正確的）的條件。我們可見到，描述主義者取消事物所以爲好的主觀條件，而代之以客觀條件的意圖，亦可見到他的方法，乃將原本作爲主觀條件的「選擇」，作客觀條件來理解，於是得出荒謬的結論。釐清了「條件」的涵義，便可知其論證的謬誤所在。

此外，赫爾聲稱，選擇一事物的理由並不與該選擇有邏輯上的關連。譬如說，「我不選擇 x，因爲它有毒。」但有毒這理由卻並非邏輯上蘊涵不選擇 x 的決定，因爲，「我選擇 x，因爲它有毒。」也是邏輯上可能的。由此，從單純的事實，並不能推出關於評價或選擇的結論來。

關於功能字詞，赫爾也承認●，事物的功能很多時候給予我們有關其好壞準則的線索，因爲把個別東西列爲某類物品（例如：把一件東西視爲刀子），我們已決定必須根據某些標準來評價該件東西●，但斷不能因此，而認爲「好」的基本涵義就是描述的。因爲，除了功能字詞外，還存在着非功能字詞，而此等非功能字詞所指謂的事物的好壞準則，則不能由字詞本身的涵義決定；例如，「落日」、「行爲」、「人」等，都有固定的描述涵義，但卻不能從此推測出好壞的準則來。所以，「好」的基本涵義，無論對功能字詞或非功能字詞來說，就是讚許（亦卽評價涵義），而非描述涵義。此點將在以後詳細論到。

赫爾繼續論證，在道德的脈絡上，「好」字經常冠於非功能字詞之前，所以，在道德方面的「好」的準則，是不能由某些事實決定的。當

● 參考 P. T. Geach, 'Good and Evil', *Analysis,* (1956), reprinted in Philippa Foot, (ed.), *Theories of Ethics,* (O.U.P., 1977)，以及赫爾的駁斥 'Geach: Good and Evil', *Analysis,* (1957), reprinted in *Theories of Ethics,* op. cit.

● 雖然如此，「好的刀子切割良好」却不是如符特所說的分析命題，因爲必須加上：「在正常情況下，而其餘情況不變」作爲條件，上述的句子才是分析的。見 'Geach: Good and Evil', *Theories of Ethics,* op. cit., pp. 77-78.

然，描述主義者仍可爭論，雖然「人」是非功能字詞，但人也具有一定的能力（如推理、運用語言等），因此，「好人」是指能充份運用此等能力的人，由此，可從「人」的涵義引申「好人」的準則。但赫爾指出，若這樣作，後果是嚴重的，因爲我們乃可選擇做一個不在此定義（如：「人」的定義包括說眞話及樂善好施）下的人。相反的，在「人」作爲一非功能字詞的理解下，我們是人，但可選擇「好人」的準則。

2. 自然主義的謬誤

關於「自然主義的謬誤」（Naturalistic Fallacy）的說法乃佐治・摩爾（George Edward Moore）在一九〇三年出版的《倫理學原理》❸中首次提出。此後在倫理學上，成爲有名的述語，尤其在事實與價值關係的問題上，自然主義的謬誤的提出，蘊涵一重要學說。

摩爾不滿意一些倫理學家，將道德字詞如「好」、「應該」等，以「最大的快樂」❹或「個人的贊同感情」❺來定義；他指出，若藉着一些自然性質來界定道德字詞，就是以自然性質來界定非自然的物體，因爲道德字詞是非自然的，而這樣作，便是犯了自然主義的謬誤。而且，不單上述兩類定義有問題，甚至其他類似的定義方式（包括以形上性質來界定道德字詞），也是不可能的。種種的定義，貌似分析命題，其實是綜合的❻。歸根究底，道德字詞是不可界定的。

首先，摩爾說明，定義有三種意含。第一種是人爲隨意的言詞定義（arbitrary verbal definition），例如：「當我說『人』這個字時，

❸ G. E. Moore, *Principia Ethica*, (Cambridge University Press, 1903)
❹ 摩爾是指邊沁（Bentham）及米爾（Mill）的效益主義觀點。
❺ 此乃史提芬遜（C. L. Stevenson）的學說。
❻ 'That propositions about the good are all of them synthetic and never analytic; and that is plainly no trivial matter.' *Principia Ethica*, op. cit., p. 7.

我是指理性的動物。」便是對「人」的一種人爲隨意的言詞定義。第二種定義是一般的言詞定義（verbal definition proper），這種定義就是字典裏面所作的，意指當大多數（中國）人用「人」這字時，他們是指理性的動物。第三種定義是，以一物體的組成部分及組成方式，來理解該物體。而摩爾聲稱「好」等字詞不可界定，是指在第三種意含的定義下，不可界定。

「好」正如「黃色」一樣，是一種簡單的性質，不能從它們之中，分析出各種組成部分來。好的東西當然具有別的性質，譬如說，「清新空氣令人感到愉快」，而且「清新空氣是好的」，我們卻不能由此便以「令人感到愉快」來界定「好」，亦卽是說，不能以這些「別的性質」等同於「好」。

對於以上的主張，摩爾的論證是這樣的。他說，對於任何用以界定「好」的 A，我們都可以問：「究竟 A 是否好的？」而這問題是可以理解的（intelligible）。問這樣的問題，是與問：「A 是否 A？」是不同的，換句話說，「好就是 A」與「A 是 A」的語句類別不同，前者的反面並非自相矛盾，而後者則是。摩爾的論證，是有名的「待解答之問題的論證」（Open Question Argument）。

現在讓我們看看，假若摩爾的說法成立，卽假若「好」這倫理特性是與其他非倫理特性是不同類別的，而所有對「好」作界定的企圖都是一種謬誤，那麼，這帶來怎樣的理論後果呢？可以說，這種說法涵着：「倫理語句不能從非倫理語句演繹出來」，亦卽涵着：「從實然的前提不能推論出應然的結論」的主張。

但究竟摩爾所謂的自然主義的謬誤，是屬於那類謬誤呢？

法蘭肯那（W. K. Frankena）在＜自然主義的謬誤＞一文中❼指

---

❼　W. K. Frankena, 'The Naturalistic Fallacy', *Theories of Ethics*, Philippa Foot, (ed.), (Oxford University Press, 1977)。

出，摩爾說的自然主義的謬誤，根本不是一種邏輯上的謬誤。在若干界定「好」的論證裏，例如在：「所有人都追求快樂，所以快樂是好的」的論證裏，我們說它在邏輯上是錯誤的，因它具有：「A是B，所以A是C。」的形式，而此乃不對確的。但是，我們發現，在上述論證中，隱含另一前提，就是：「所有人都追求的便是好的」，若補上這前提，則所成之完整論證，便變成對確了；遺留下來的問題，只是前提是否眞而已。

當然，我們可以進一步質詢，補上附加前提後的論證，是否犯了自然主義的謬誤。事實上，論證是否從非倫理的前提推論出倫理的結論，是決定於上述的附加前提與結論是否倫理命題。法蘭肯那說，如果附加的前提是一歸納語句、或是一直覺語句、或是從一倫理論證演繹來的語句，那麼，這語句都沒有犯自然主義的謬誤。但假若它是一定義，或是由界定使之爲眞的語句，那麼，論證便犯了自然主義的謬誤，雖然如此，整個論證卻仍是對確的。由此說明，自然主義的謬誤並不是一種邏輯謬誤。

摩爾將道德字詞看作不可界定，佩里（R. B. Perry）認爲，自然主義的謬誤之爲謬誤，只是一種定義謬誤（Definitistic Fallacy）[18]，並不一定關係到是否從非倫理前提推論出倫理結論，甚至也不關係到是否以非倫理字詞去界定倫理字詞，或以自然性質去界定非自然性質。所謂定義謬誤，就是錯誤地混淆或等同了兩種不同的性質，或者錯誤地以一種性質界定或取代另一種。所以，企圖界定「好」的人，照摩爾看來，就算沒有犯了以非倫理特性去界定倫理特性的禁忌，也犯了定義謬誤。

摩爾說，任何對於「好」的定義，只是關於「好」的綜合命題而已。以後者誤認爲前者的謬誤，里奧・亞伯拉罕（Leo Abraham）稱之爲誤認命題的謬誤（The Fallacy of Mistrued Proposition）[19]。然而，

[18] 見法蘭肯那於「自然主義的謬誤」中的敘述。
[19] 同上。

由於摩爾並沒有提出證明，所以，界定道德字詞，是否便犯了誤認命題謬誤，或者定義謬誤，或者，所謂自然主義的謬誤是否任何一種謬誤，是不能決定的。因此，在道德字詞的不可界定的特性未被證立之前，在論證中並不能以自然主義的謬誤作武器，來攻擊對立者的。

　　法蘭肯那與赫爾都指出，摩爾有時將「好」的不可界定的特性——卽是，「好」就是「好」，不是別的東西——說得太過份，以致任何東西，都因此之故，而不能被界定（每樣東西都可說有它獨有的涵義，而不是別的東西，因之而不能以其他涵義來界定）。法蘭肯那說：「由此推論出，無任何詞語可被界定。這樣，分析方法就像一名英國屠夫處身於一沒有羊的世界裏面，無所施其技。」❷那麼，像「好」一類的道德字詞的不可界定的理由，是否使到所有界定都不可能呢?關於這點,赫爾在≪道德語言≫❷中的「自然主義」一章裏面，有詳盡的闡釋。

　　赫爾指出，每一定義，都在一意含下是分析的，而在另一意含下是綜合的。例如，「孩童卽是幼年人」是一關於「孩童」的定義，這定義可寫成:「『如果任何東西是孩童，則它便是一幼年人，反之亦然。』這（中文）句子是分析的。」雙括號內關於孩童的肯定是分析的，而單括號內的陳述則是綜合的，它是關於「孩童」這字詞的肯定，而其對錯可由研究中文得出。由於定義有綜合一面的意含，所以雖然雙括號內的肯定是分析的，但它並不完全等同於說：「如果任何東西是一幼年人，則它便是一幼年人。」兩句同時分析地眞，但所包含的涵義卻不相同。正如若有人說:「他是一孩童。」我們便不能說:「他說:『他是一幼年人。』」因爲對於作爲這人的說話的報告來說，「幼年人」並不能取代「孩童」。假如我們想表示「孩童卽是幼年人」這語句是一定義的話，我們乃可將

❷　'The Naturalistic Fallacy', op. cit., p. 59.
❷　R. M. Hare, *The Language of Morals,* (Oxford University Press, 1952), Ch. 5

之伸展成上述的句子：「『如果任何東西是孩童，則它便是幼年人，反之亦然。』這（中文）句子是分析的。」這樣，我們便可清楚見出「孩童卽是幼年人」的綜合性，亦由此可確定它是作爲一定義而說出。一定義是分析的，卻有別於：「幼年人卽是幼年人」這分析句，它是綜合的，也有別於「孩童是頑皮的」這綜合句。

否定道德字詞可藉自然的性質來界定，並不等於否定任何定義的可能性。理由是這樣的：若以「具有甲的性質」來界定「好」，那麼當我們說：「A是好的。」我們的意思只是：「A具有甲的性質。」但是，我們日常用「好」字，明確地有讚許的意思，但若對「好」作自然主義的界定，這意思便蕩然無存了。總括來說，「好」等字的不可界定，是因我們應用它們來讚許事物時，並非在作一如界定般的語言活動，讚許是與界定不同的。我們說過，「孩童卽是幼年人」作爲定義的特質，卽：其兼具分析的及綜合的二方面性質，可從：「『如果任何東西是孩童，則它便是一幼年人，反之亦然。』這（中文）句子是分析的。」中見出，但雖然將「具有甲性質的A是好的」改寫成：「『具有甲性質的A是好的』這（中文）句子是分析的。」因爲失去了讚許的用意，便變更了原句的意思。

赫爾同意摩爾的立場，反對自然主義，但他的看法是基於認爲，道德字詞的基本涵義及功能，是在評價方面，因此用沒有此等涵義及功能的另一些字詞（自然的性質）來作界定，是不可能的。

回頭看摩爾，雖然他看準了道德字詞的特性，明白它們在類別上有異於一般的自然性質，由此聲稱以後者不能界定前者，但畢竟他未能確切指出道德字詞的特性是甚麼，故此在論證中只能說，若以A性質來界定道德字詞「好」，相當於說：「具有A性質的甲具有A性質」的分析句，而不覺察定義有綜合一面的意含，所以縱使道德字詞不能被界定，

爲其他字詞下定義仍是可能的；而道德字詞所以不能被界定，原因乃在
於界定與讚許或評價，是兩種不同的語言行爲，不能以前者取代後者。

3. 實然與應然的關係

描述主義除了認爲評價字詞唯一的涵義是描述涵義外，它亦主張，
從純粹的事實前提，可推論出評價的結論來。

約翰·謝拿(John Searle) 爲要證明評價語句可爲純粹描述語句所
涵衍，於是舉出一例，作爲「描述語句不能涵衍評價語句（除非加上評
價的前提）」此一主張的反例❷，因之引起了一番討論。現略述如下。

謝拿提出的例子是這樣的:

(1)鍾斯說道：「我此刻承諾付五元給你，史密夫。」

(2)鍾斯承諾付五元給史密夫。

(3)鍾斯將自己置於付五元給史密夫的理份（obligation）之下。

(4)鍾斯在付五元給史密夫的理份之下。

(5)鍾斯應該付五元給史密夫。

謝拿認爲，(1)至(4)是實然語句，而(5)是應然語句，若從(1)能推論出(5)，
卽是從一實然前提推出應然結論。而每步驟的關連如下:

在(1) 與 (2)之間，若加上兩前提（１a）、（１b)，那麼，從(1)可推論
出(2)。

（１a)在某些條件 C 下，任何人說道：「我此刻承諾付五元給你，
史密夫」，就是承諾付五元給史密夫。

（１b)條件C得到滿足。

---

❷　John R. Searle, 'How to Derive "Ought" form" Is"', *The Philoso-phical Review,* (1964), reprinted in W. D. Hudson, (ed.), *The Is-Ought Question,* (The Macmillan Press Ltd., 1979).

（１ａ）是關於英語的用法 在某些條件下，說出引號內的說話，就是一承諾行爲。(1) 中各字詞的涵義使到在某些條件下，說出它們就是承諾。條件 C 就是使到說這些話成爲一承諾行爲的充份而必要條件。包括：講者在聽者面前說出、二者都在清醒狀態、同是說英語、而且認眞地說話；講者知道他在做甚麼，並非在藥物影響下，也不是演戲、說笑或敍述一事件等情況下而說出。這些條件全是經驗的條件，所以（１ｂ）也是經驗的假設。

謝拿以承諾的定義乃是「將自己置於一理份之下的行爲」，所以他認爲 (2) 可直接涵衍 (3)，但亦可加上一恆眞的前提（tautological premise）（２ａ）。

（２ａ）所有承諾乃是將自己置於去做所承諾之事的理份之下。

如果一個人將自己置於一理份之下，那麼，其餘情況不變（*ceteris paribus*），他就是在一理份之下。謝拿認爲這也是恆眞的。所以當加上一規限語句（３ａ）「其餘情況不變」之後,(3)便涵衍(4)。在這裏，亦可以一恆眞句（tautology）作推論的前提，乃是：

（３ｂ）其餘情況不變，所有人若將自己置於一理份之下,都在一理份之下。

從(4)到(5) 與從 (3)到(4)一樣，加上（４ａ）「其餘情況不變」的子句後，(4)便涵衍(5)。

關於「其餘情況不變」，謝拿指出，我們不需因爲要滿足它而建立一普遍的負面語句，說明在該情況下，沒有人能給予理由去認爲講者不在一理份之下或他不應該守諾。只是，除非我們擁有一些理由（卽：我們實際上預備給出一些理由），去認爲理份是空的或講者不應守諾，否則它必在理份之下並且應該守諾。假如眞的給出了這等理由，那時，我們便須作評價衡量該等情況是否相干。所以,肯定「其餘情況不變」這子

句，並非必然要作評價，只當在懷疑它是否得到滿足時，才涉及評價。

謝拿進一步說，就算「其餘情況不變」眞的涉及評價，然而亦可將這子句劃入結論之內，於是從(4)可推論出(5)：「其餘情況不變，鍾斯應該付五元給史密夫。」

於是，從「實然」到「應然」的推論成功了，在附加的前提中，只有經驗的假設、恆眞句及關於字詞用法的描述。

從「實然」不能推出「應然」的說法，在謝拿看來，是嚴分「實然」與「應然」的結果。他指出，單是描述語句，也有很多種類。「他身高六呎」、「我的車子時速可達八十哩」、「她的頭髮是褐色的」其實與「他結婚了」、「史密夫許下了諾言」、「鍾斯有五元」等不同的，後者雖然也是敍述客觀事實，但「結婚」、「許諾」、「五元」等涉及的事實，都預設了某些制度的存在，如婚姻制度、貨幣制度等，我們可稱這些事實爲「制度下的事實」。這些制度就是建制規則（constitutive rule）的系統；沒有制度，那些字詞便失去意義。因此，在制度內使用那些指謂制度下事實的字詞時，定要符合建制規則。當鍾斯在說話中用了制度內的字，便進入了制度，而建制規則便規定他應該照他承諾去作的。於是，在制度內，便可從「實然」推論出「應然」來。

儘管謝拿所舉的例子尚算周詳，但仍然引起不少爭論。很多人對推論中從(3)到(4)及從(4)到(5)所需的子句「其餘情況不變」，不涉及評價，表示懷疑。如麥克里倫（J.E.McClellan）與康密沙（B.P. Komisar）、占士‧湯遜及祖廸斯‧湯遜（James Thomson & Judith Thomson）便提出論證討論❷。他們分別指出，（4a)可有兩種詮釋,其中一詮釋是：「如果我們在考慮鍾斯事件時，見不到或不知道任何他不應付款的理由，

---

❷　J. E. McClellan & B. P. Komisar, 'On Deriving "Ought" from "Is"', *Analysis*, (1964), James and Judith Thomson, 'How Not to Derive "Ought" from "Is"', *The Philosophical Review*, (1964). Both are reprinted in *The Is-Ought Question*, op. cit.

則卽是『其餘情況不變』。」這是一弱的詮釋。但在此詮釋下，(4)與
(4a)並不能涵衍(5)，因爲我們見不到理由，並不涵衍沒有理由存在。「
其餘情況不變」的另一詮釋乃是：「沒有甚麼足以使鍾斯應該付款是假
的。」此爲強的詮釋，在此詮釋下，(4)與(4a)才能涵衍(5)。

　　如此，謝拿乃掉進一兩難中，或者他取弱的詮釋，這樣（4a)便不
涉及評價，但(4)與(4a)卻不能涵衍(5)，或者他取強的詮釋，這樣(4)與
(4a)涵衍(5)，但(4a)卻涉及評價。

　　湯遜認爲，就算將(5)改寫成(5′)，也出現困難。如果將(4a)作弱的
詮釋，則(4)不能涵衍(5′)，但若將(4a)作強的詮釋，則(5′)是分析語
句。麥克里倫更指出，(5′)縱使成立，也只是一假然（hypothetical）
而非定然（categorical）的判斷。

　　赫爾在＜承諾遊戲＞一文中❹，則着重討論(1a)與(2a)。赫爾提
議，(1a)與(2a)可簡化而成一建制規則(1a*)：「在某些條件c下，
任何人說道：『我此刻承諾付五元給你，史密夫』就是將自己置於付五
元給史密夫的理份之下。」那麼，(1a*)是一怎樣的語句呢？赫爾提出
五個值得討論的答案：

(a)它是一恆眞句。

(b) 它是一關於英語 用法的綜合 經驗語句 （synthetic empirical
　　statement）。

(c)它是一關於英語用法的綜合指令句（synthetic prescription）。

(d)它是一關於英語用法以外的綜合經驗語句。

(e)它是、或者隱藏着、一不單只關於字詞用法的綜合評價或指令語
　　句。

---

❹　R. M. Hare, 'The Promising Game', *Revue Internationale de Philoso-
phie,* (1964),reprinted in *The Is-Ought Question,* op. cit.

首先看看它是否一恆眞句。承諾這一制度，包含很多建制規則，這些規則的合取可定義承諾制度，如此，「在承諾制度下，（1a*）。」可以是一恆眞句，因爲（1a*）是承諾的建制規則之一。但是（1a*）卻不是恆眞句，否則，它便不是能指導承諾行爲的規則了。

我們亦可見到，（1a*）也不是關於字詞用法的綜合語句或綜合指令句，因爲它是關於承諾行爲的規則，並不是關於字詞用法的規則。否則，我們從⑴至⑷得到的結論，便是：「英語使我們認爲：鍾斯應該付五元給史密夫。」然而，⑸不是一人類學的原則，卻是一道德的原則。

「承諾」這字詞的涵義只有放在承諾制度下理解，我們才可由⑴推論到⑸，換句話說，在使用該字詞而作推論時，我們已認取了承諾制度的建制規則，才能得到結論⑸。而規則的認取，即是作出評價，規則乃是綜合的道德原則，指導我們的行爲。

赫爾總結說，有很多字詞是沒有用的，除非有足夠數量的使用者同意某些命題，「承諾」便是一個這樣的字詞——除非有足夠數量的使用者準備同意承諾制度的建制規則，否則它是沒用的。假如沒有人認爲應當守諾，那麼，許諾便變得沒有可能，而「承諾」這字詞只是一種聲音而已（除非出自人類學者口中）。如果有足夠多的人同意承諾的建制規則，並且承諾這字通行，則個別的人若不同意該等規則，也可使用該字。

使用「承諾」這字詞預設了認取承諾的建制規則，所以「承諾」是評價字詞。在評價字詞中，依照赫爾的學說❷，包含評價涵義與描述涵義，描述涵義就是，當有人說「我承諾」時，就是表示他服從某些規則，因之而蘊涵某些行爲。而當「承諾」的建制規則一旦爲社會上大多數人接受，「承諾」的描述涵義便變得很明顯，人們乃可能漸漸忽略了去認取規則這步驟，因而描述涵義從從屬地位躍升爲主要地位，評價涵

❷　詳見「道德判斷的指令性」一章。

義反而成為次要。這等字詞，用赫爾的術語來說，稱為「次等評價字詞」（secondarily evaluative words）（對於該等使用者來說）。有些人不同意承諾規則，卻仍然使用「承諾」這字，就是將之作為次等評價字詞來使用。

羅拔‧馬田（Robert M. Martin）對於謝拿從實然推論到應然所作的論辯，與赫爾的可說是十分相似，可參看＜從『我承諾……』可推論出甚麼？＞⑳一文。

麥紐里（F.S. McNeilly）在＜非道德化的承諾＞一文中㉗，一方面指出謝拿的推論無效，因為（１ａ）中的「某些條件」既不確定又不清楚，例如它是否包括「接受承諾的一方，相信承諾者是眞誠的」在內呢？另一方面，他認為赫爾提出的，只有在足夠數量的人同意承諾規則時，「承諾」這字才有用的說法，加以反對，因為赫爾的說法，蘊涵着在一社會內，若沒有人相信，任何人許下諾言，理應做他許下要做的事，那麼，承諾在該社會中是不存在的。而麥紐里則持相反的意見。

麥紐里提出討論，他說，赫爾的說法，解釋了社會上一般的態度或信念（如是否接受某些規則），是某些行為得以實行的必要條件，卻不能解釋，這些一般的態度或信念，何以也是社會內小集團或一組人實行某些行為的必要條件。譬如說，倘若甲對乙作出承諾，但乙不相信甲是眞誠的，那麼，就算社會上人們對待諾言的態度是「眞誠的遵守」，卻與乙的不信任與由之而來的不接受甲的諾言不相干。

麥紐里認為，甚至在一沒有人相信諾言及許諾的社會內，只要滿足下列的條件，承諾仍可在二人間運作。

(1)置身於事件中的人相信，講者意圖（intends）藉着說話，導致

---

⑳ Robert M. Martin, 'What Follows from "I Promise…"?', *Canadian Journal of Philosophy,* 1974.

㉗ F. S. McNeilly, 'Promise De-Moralized', *Philosophical Review,* 1972.

他相信，講者在說話時意圖作A，且事實如此。

(2)置身於事件中的人相信，講者意圖藉着說話，導致他相信，講者在說話時，意圖藉此說話，去發動（motivate）講者自己作A。且事實如此。

(3)置身於事件中的人相信，講者意圖藉此說話，導致他相信這說話會發動講者作A。且事實如此。

我認為麥紐里關於承諾的說法與赫爾所說的，並無嚴重的衝突。

一、赫爾着重於說，當社會上大部分人接受承諾規則，因而應用「承諾」這字時，有使用該字而不遵守規則的人存在，是可能的，雖然那些人以「承諾」這字作次等評價字詞使用。假若社會上無人接受承諾規則，少數人仍可自訂一些規則，而在該小集團中應用「承諾」這字。這樣，社會內衆人的態度雖然不是小集團內應用「承諾」這字的必要條件，但小集團內各人的態度，卻仍舊是小集團內應用「承諾」這字的必要條件。

二、如果社會內大部分人同意承諾規則，那麼，當在兩個人間使用「承諾」這字時，他們假設了對方都同意該等規則。如果任一方懷疑對方是否眞誠時，可要求他作出保證❷❽。在這裏可見，社會上一般人的態度是兩個人使用「承諾」這字的必要條件，但不是充份條件。

三、赫爾側重說明，當承諾通行時，客觀上必定存在承諾的建制規則，爲大多數人所遵守，而麥紐里則偏重說明，在事件中參與者所需的主觀心理狀態。

四、關於「講者的眞誠是否得到信任」這元素，若包含在建制規則的條件C內，亦無不可。因此，大多數人接受建制規則，可說是承諾在

---

❷❽　這點若放在赫爾的兩層道德思維中看，當較清楚：因社會上大多數人接受承諾規則，而將守諾作爲初步原則（primitive principle）去遵守，是在直覺層內的做法。而當懷疑在個別特殊情況下是否仍須守諾，所作的考慮，乃在批判層中作出。參考本文「現代效益主義」一章。

社會內得以通行的必要條件，而是否信任講者眞誠，是承諾在二個體間得以實行的必要條件。

赫德遜（W. D. Hudson）在所編的《實然─應然問題》㉙一書中，對於是否可從「實然」推論出「應然」的爭論，在謝拿、康密沙、湯遜、赫爾等論辯之後，作出總結式的批評㉚。他認爲，備受質疑的「其餘情況不變」的子句，在謝拿的例子中，可以取消，而將其涵義收進（1 a）的條件Ｃ內。那麼，便避免了責難。但是，赫德遜的提議，令人考慮到，決定甚麼屬於條件Ｃ，卽需作出評價，因而正如赫爾所說的，（1 a）或（1 a*）應看作是一綜合的評價語句，是承諾規則。

謝拿對於各種批評及責難，曾撰文作覆㉛。他強調，當一個人進入制度內之後，他必須恪守制度內的規則，不管他個人是否同意該等規則。他說：「在各語言制度中，像承諾（或造句），嚴肅地道出字詞，會令人不得不接受由該字詞涵義所決定的行爲方式。」㉜這卽是說，語言的涵義決定人們必須遵守某些實質的道德原則。赫爾對這點，亦當無異議，他同意，進入制度後，便必須依規則而作㉝，這看來與他主張的：「不能從字詞的涵義演繹實質的道德原則」㉞有衝突，然而，關鍵處乃在於每人都可選擇是否進入某一制度，制度內所謂字詞（這裏專針對指謂制度下事實的字詞），在制度外卻是一些道德原則，容許人們接受與否，

㉙ *The Is-Ought Question,* op. cit.

㉚ W. D. Hudson, 'The "Is-Ought" Controversy', *Analysis,* 1965, reprinted in *The Is-Ought Question.*

㉛ J. R. Searle, 'Deriving "Ought" from "Is": Objections and Replies', *The Is-Ought Question,* op.cit., Appendix.

㉜ 同上，p. 262.

㉝ 起碼在直覺層內如此，否則便是自相矛盾。

㉞ 參考 R. M. Hare, *Moral Thinking: Its Levels, Method and Point,* (Clarendon Press, Oxford, 1981), Ch. 1.

而選擇進入，即已將評價帶進推論內，此時，才可接受推論中的前提乃屬定義，而由之推論出應然判斷。因此，不能說，我們可無條件地從實然的前提推論出應然的結論。根據赫爾，在我們的社會內，存在着很多建立牢固的評價概念，不是每個人都經過評價才使用，於是，這等概念變成次等評價字詞，但這不妨礙，我們經反省後，可以否定這些評價。那時，即是跳出制度之外，在制度外，實然命題不涵衍應然命題。若謝拿明白此點，便可解開爭論的死結了。

B. 描述主義的兩種形態

在第一章中，我們曾論及，倫理學者不一定從他在規範倫理（道德）方面的見解，演繹出一套後設倫理學來；但是，我們在本章要作的，是將相對主義與直覺主義作爲描述主義的其中兩種形態來研究，以便更深入的認識描述主義的謬誤，所以，討論中的相對主義與直覺主義，都分別是後設倫理上的相對主義與直覺主義。當然，就算假定道德的相對主義者與直覺主義者都認取一套後設倫理學的立場，這立場也不一定是描述主義的，因爲非描述主義與相對主義或直覺主義也是相容的。在本章內，我們將討論中的相對主義與直覺主義限制在描述主義的範圍內（討論中的相對主義者同時也是描述主義者），再看它們除了描述主義本身的問題外，還有甚麼特殊的困難。

1. 相對主義

相對主義（Relativism）有很多種❸，如文化上的相對主義、認知上

---

❸　見 Joseph Margolis, "The Nature and Strategies of Relativism", *Mind*, (1983).

的相對主義、概念上的相對主義、道德上的相對主義、後設倫理上的相對主義等。單就後設倫理上的相對主義而論，也因其中主張與證立的不同，而有各種不同的形態。在本節內，我將討論後設倫理的相對主義，並把它限定於以下的學說：道德上的對錯，並不是絕對的，而是相對於每一集團（甚至縮小至個人）的標準，而爲對錯，而這些標準，亦可隨時隨地而變。這不是說，某人之認爲對，是根據他的道德標準，而是，他認爲對，就是對。由於相對主義者不承認有適用於所有集團的道德原則，所以相對主義是一種非絕對主義（Non-Absolutism）。

後設倫理的相對主義涵衍道德的相對主義，但在道德的相對主義觀點下，說：「我應該作我認爲應該的事」這道德聲明，或者說：「因爲只有相對於個人而言的對錯，所以我們以自己的標準去干預或批評他人的判斷是不對的」，其中的「應該」及「不對」都不是絕對的，否則便違反了後設倫理的相對主義觀點❸⑥。如此，道德的相對主義學說本身也是相對的，雖然如此，後設倫理的相對主義卻可以對「應該」等字作一絕對的肯定——肯定它們是相對的。但是，後設倫理相對主義成立與否，是有待證立的。

華爾德・史提斯（Walter Terence Stace）在《道德上的概念》一書中，討論到相對主義的章節裏❸⑦，提出了支持相對主義的四個論證。我們可分別檢視。第一論證乃是，由於現實上這世界有形形色色的道德標準，所以我們有理由相信，世界只有相對的道德標準，而絕對的道德標準是不存在的。然而這論證並不成立，因爲若我們對絕對的道德標準

---

❸⑥ 本納・威廉斯所說的庸俗形式的相對主義（vuglar form of relativism），便犯了這種錯誤。見 Bernard Williams, *Morality: An Introduction to Ethics*, (Cambridge University Press, 1972) pp. 34–39.

❸⑦ Walter Terence Stace *The Concept of Morals*, (The Macmillan Company, N.Y. 1937), Ch.1–2.

無知，亦可造成道德標準紛紜的現象，卻不能由此證明根本沒有絕對的道德標準。無論在相對主義或絕對主義的假設下，都容許這些現象。所以現象本身並不能作任何其中一主張的理據。

第二論證乃是，道德判斷就是情緒或態度的表達，因此並無眞假可言，也不能有認知上的證立；一件事物所謂好就是我們對它有贊同的情緒，相反的，若我們對它不滿，它便是不好的。由於對同一事物，不同的人可產生不同的情緒，所以好壞的標準是因人而異的。這論證建基於情緒論（Emotivism）❸的後設倫理理論之上，但這理論已備受攻擊而立不住腳了。最普通的反對是，情緒論的說法，使得道德異議（moral disagreement）不可能。因爲事物的好壞，若只是對人的感受的描述，那麼，假使一人認爲此事爲好，另一人認爲不好，則只顯示他們各有不同的感受而已，而並無任何衝突。道德異議是公認爲存在的，而判斷者也不會同意自己所作的道德判斷僅是情緒的表達，他們相信，它是一眞理。由於情緒論聲稱是對當人們作道德判斷時，他們意謂甚麼，作一分析，又由於他們分析的結果，卻不符合人們認爲自己所意謂的，所以情緒論是難以成立的。而建基於情緒論的相對主義，也是不成功的。

第三論證是極端的經驗論（Radical Empiricism）者提出的。他們認爲，任何代表實體（entity）的字詞，若果不能在可感觸（conceivable）的環境下，被可感觸的心靈所經驗，那麼，這字詞是沒有涵義的。絕對主義者所說的「應該」（不能化約爲「實然」的「應然」），便在此列，「應該」而非現實上「如此」，是我們不能經驗的，故此也是沒有涵義的。另一方面，由於相對主義者認爲，「好」就是某人相對於他的目的或看法而爲好，亦即把應然化約爲實然，所以在這理論下，道德字詞都是可經驗的，故亦是有涵義的。這裏所說的「涵義」，是指認知上

---

❸　此乃由 C. L. Stevenson 提出。

的涵義，有眞假值，可藉以傳遞資料的。但是，絕對主義者所說的「應該」、「好」等字詞，雖然沒有認知涵義，亦可有另外一些涵義，一如「命令」、「遊說」、「責備」等所具有的涵義。關於此論證，我們可以問：道德字詞是否必須有認知涵義呢？在＜道德判斷的指令性＞一章中，我們將論證，道德字詞的基本涵義在於評價，而能够傳遞資料的描述涵義，只是次要的涵義；這種基於極端經驗論的相對主義，認爲道德字詞必須符合認知涵義的標準的基本假設，是根本上錯誤的。因此，道德字詞不符合極端經驗論的認知標準，並不會導致道德的喪失，相反地，相對主義雖符合該標準，卻可發展出此危機，此點以下卽將論到。此外，相對主義者將應然化約爲實然的作法，結果乃是將道德判斷化爲描述語句，而使前者失去規範意義，亦卽失去其根本涵義，故是不能接受的，詳論見前面＜自然主義的謬誤＞與＜實然與應然的關係＞二章。

第四論證乃是，由於從來沒有人能够發現及證實絕對道德原則的基礎，或它所以有普遍約束力的根源，而相對主義者因爲容許道德規則會隨時間、地點、環境而變，所以很容易找到道德的根據，於是，相對主義較可取。此論證也不是很有力量，因爲不少倫理系統，已提出了絕對道德原則的各種基礎，其中很多是超經驗的，如儒家、康德等，甚至人的共通性，就算視爲經驗的，也可作爲絕對道德原則的基礎，至於那一種說法可以接受，則可就個別理論來討論，卻不能籠統的說它們不能成立，而以此作爲相對主義的支持。

在上述四論證之外，有些哲學家企圖形構相對主義的特殊模式，並相應於這些模式來給予贊同相對主義的理由。例如約瑟·瑪葛理斯（Joseph Margolis）便提出一種認知上有旨趣的（cognitively interestting）相對主義❸。在這種相對主義的系統裏，並非只具眞假二值，而

---

❸ 同❸。

是有一些比純眞或純假較弱的值，於是，眞與假本來是矛盾及不相容的，在此系統內，便非如此。譬如說，在 t 時刻，根據可獲得的證據，我們可說「他事先知道此事」與「他事先不知道此事」這兩聲明之爲眞的或然率分別是 P_1 與 P_2。上述兩聲明本來是互相矛盾的，但在相對主義的系統內，相對於可獲得的證據來說，它們便不是矛盾的，雖然它們的合取的或然率是零，但我們可免自相矛盾而同時肯認這兩聲明之爲眞的或然率，在此而言相對主義。我們可見，這兩聲明之間的邏輯關係，比窮盡且互相排斥的一對眞值爲弱。

　瑪葛里斯說，他之維護相對主義是有二中心的，其一是顯示相對主義的系統是內部一致及可生存所作的形式上的考慮，其二是顯示它特別適合於某些領域內的探討所作的實質的考慮。形式的考慮一如上述，而實質的考慮如下：在涉及評價、欣賞、詮釋的領域內，相對主義之看來合理，實非意外。這不是說在這些領域內，這些研究在原則上非相對化不可，而是說，在非相對化的理解是明顯地難以令人信服的情形下，方是如此。

　瑪葛里斯將相對主義規定爲相對於可獲得的證據來說，可作不是非眞卽假的判斷，是可接受的。然而，據本節開始時對相對主義的描述，相對主義就是「某甲認爲對，就是對」的一種理論，因此，就算將判斷的二值眞假值轉變爲多值的眞假值，仍會出現一種情況，就是：某甲認爲「X是好的」爲眞的或然率爲 P_1，他當然同時可接受「X是不好的」爲眞的或然率爲 P_2（$P_1+P_2=1$），這是邏輯地必然的，但某乙可提出「X是好的」爲眞的或然率是 P_3（$P_3 \neq P_1$），那麼，雖然 P_1 與 P_3 不是互相矛盾，但亦不能同時爲眞，這樣，我們或者說，只有一或然率爲眞，或者說，可容許或然率因人而異（卽某人認爲某一或然率爲眞，便是眞），前者是絕對主義（相對於可獲得證據而爲固定）[40]，後者是相對主義

（本節的定義），於是，我們看見，瑪葛里斯對相對主義的新形構，並沒有解決原來的問題。

吉爾伯特‧哈曼(Gilbert Harman)則指出⓵，道德是由一社團的內在協議 (implicit agreement) 推論出來，而道德判斷乃邏輯上關連於這些協議的；他認爲，循着這種說法而形構的相對主義,是可理解的。首先，他提出內部判斷 (inner judgement) 一概念。只當我們認爲某人有能力爲相干的道德考慮所發動的情形下，我們方可對那人作內部的判斷；而「應該」、「對」、「錯」（道德意含下）等字詞，是內部判斷常用到的⓶。但是說某人是壞蛋或敵人，卻不是作內部判斷。可以說，內部判斷有兩重要 的特徵: (1) 內部判斷蘊涵判斷 主體有理 由去做某些事。(2)講者在某意含下認取 (endorses) 了這些理由，並且認爲聽者也認取它們。相反的，其他道德判斷則沒有此等蘊涵——它們並不蘊涵主體有與講者認取的行動理由相同的理由。舉例來說，如果甲說乙應該作X，甲蘊涵乙有理由去作X，並且甲認取這些理由；但如果甲說乙去作Y是很險惡的，則甲沒有蘊涵甲所認取不去作Y的理由，亦是乙不去作Y的理由，事實上，甲蘊涵它們不是乙的理由。

哈曼跟着論證,一內部判斷包含主體、行動、考慮及能發動的態度，而此種態度是由一協議推論出來的。換句話說，這態度是服從一特別的協議的意願 (intention)，並且明白他人也有意如此作。由於協議是來自擁有不同權力及財富的人，所以能够解釋，我們的道德爲何強烈主張

⓵ 這裏所說的絕對主義，只是認爲道德原則不因人而異的學說，不一定認爲道德原則是無條件地眞，所以容許相對於可得證據而爲或然地眞的原則（卽可隨相干的事實而改變）。

⓶ Gilbert Harman,'Moral Relativism Defended' *The Philosophical Review,* (1975).

⓷ 只當這些字詞用來評價人與行爲間的關係時，才是內部判斷，若用來評價一狀態或處境，則非內部判斷。

不要傷害人，甚於主張幫助需要的人（因爲在前一原則下，所有人都受惠，而在後一原則下，只有部分人得益）。

藉着爭取及妥協，在一社團內，各成員間均可達致一意願上的協議——有意以某種方式去辦事，同時明白他人亦有相同的意願。由於內部道德判斷是由協議推論而來，所以，相對於不同的協議，便有不同的內部判斷，我們不能對持有不同協議的社會作內部判斷，哈曼乃在此而言相對主義。

哈曼討論相對主義，是在一後設倫理學的層面上立論，從內部判斷的概念，邏輯地推論出「不能對不同的道德觀作內部判斷」這相對主義的立場，避免了本納・威廉斯（Bernard Williams)所說的庸俗形式的相對主義的自我否定的問題（見本節第二段），哈曼更相信，**協議受到衝擊會不斷調整**，因而不斷擴大接受該協議的人的範圍。但能否達到絕對主義的絕對單一原則呢？則他沒有清楚說明。

現在相對主義的問題應較明朗了。相對主義的出現，可能因我們見到很多不同的道德觀，而又認爲，無法將它們互作比較，強分高下❸，所以容許多個系統並列。但是，眞的不可能有一套方法或原則，來評價它們？絕對主義不可能有一嚴格的證立？這都是值得懷疑的，而哈曼的理論，縱使承認目前人們作的道德判斷（內在的）是相對於各個不同的系統（協議），但是仍有希望達成人類一致的道德觀，問題是：它建基於甚麼地方？似乎「人性」是解決問題的關鍵，關於這點，以後再論。總之，在上述問題未有充份解答之前，而斷言道德觀是相對的，是不能協調的，看來只是思想上的怠惰罷了。

---

❸　哈曼認爲，雖然有些道德判斷看來不相容，但可能源自同一協議，道德上的爭論多屬此類，因此，歸根究底，人類是否有截然不同的道德觀，也成疑問。可參考 Kai Nielsen, 'On the Diversity of Moral Beliefs', *Cultural Hermeneutics 2*, (1974).

尤其是，假若我們靜心想想，相對主義所帶來的理論後果，便更不能輕率地表示贊同了。由於相對主義容許某人認為對的事物，便是對（即上述的所謂協議，僅為一人所接受），這樣，便失去了道德的約束力，所有的道德語言，都失去了目前所具有的意義。此外，假若依相對主義看，在各道德觀之間不能作比較㊹，那麼，便無所謂道德上的進步，每種道德觀都可安於現狀，毋須改進；更有甚者，因各人的道德標準無法比較，所以不能說某甲比某乙好，道德評價不能作出，如此，便是道德的淪亡㊺。

附帶一提，符特以為人性是一定的㊻，所以涉及好壞的道德判斷不能隨便約定，她是以一貫的描述主義觀點，來反對相對主義。符特聲稱：「如果我們不能够談論一個社會的價值，便不可能判斷這社會的道德觀。如果我們要說像我們這樣的物質主義社會有何不妥，則我們必須能够掌握虛假價值這概念。但是，若果不是以『將無關輕重的事物看成很重要』來理解這個概念，所謂虛假的價值又是甚麼呢？」㊼這當然值得相對主義者深思，然而符特的答案亦非完全正確。我們已討論，描述主義之為謬誤的倫理理論之理由，在此不再贅。但在這裏可聲明的是，反相對主義不一定導致描述主義，相反的，如果將相對主義理解為：「所謂好，就是某主體之認為好」這一後設倫理學說，那麼，它可以說是描述主義的一種形態，如果我們反對描述主義的論證成立的話，這種相對主義是不能獨存的。

㊹ 當然，道德判斷上的出錯與改善仍是可能的，即，所謂錯誤的判斷乃是把協議所不能推論出的判斷視為可能。但是，我們不能跳出協議所肯定的範圍之外。

㊺ 可參考 *The Concept of Morals*, op. cit., Ch. 1-2.

㊻ 符特所言的人性是人的經驗共通性，如趨吉避凶的本能。

㊼ Philippa Foot, *Moral Relativism* (Lawrence, U. of Kansas, 1979), reprinted in Michael Krausz & Jack W. Meiland, (eds.), *Relativism: Cognitive and Moral*, (U. of Notre Dame Press, 1982).

2. 直覺主義

近代倫理學者，屬於直覺主義（Intuitionism）的有摩爾、普里查特（H. A. Prichard）、大衞・羅斯（W. David Ross）等❹。在此，我將不討論他們學說間的細緻差異，只是把他們作為直覺主義者的共同主張——亦卽直覺主義本身的特殊理論——用作研究對象。

直覺主義者聲稱，我們對於行動的對錯，事物的好壞等道德眞理，可以藉着直覺得到。直覺且告知我們，在特殊的處境中，該做甚麼；這種來自直覺的知識，我們再毋須提出理由去說明❹。直覺主義者最喜以數學類比道德：道德眞理是自明的（self-evident），一如數學眞理（2+2=4），人對於道德眞理的認知能力，一如對於數學的認知能力，是當下、直接便能獲得，毋須證明的。

道德的直覺主義者可認取以下的倫理直覺主義觀點：所謂好，就是我們直覺爲好的東西。道德判斷只是對我們的直覺的報告或描述。這種倫理觀點，可說屬於描述主義的一形態。現在讓我們察看，道德的直覺主義特有的問題。

若照直覺主義者所說，道德眞理是自明的，那麼，如何解釋：爲何人們對於道德，有不能解消的相異見解呢？又：當我們遇到道德衝突時，我們怎知應如何作呢？對於前一詰難，直覺主義者如普里查特會作這樣的回答❺：人們在道德方面的成長程度是不同的，有些人有較明晰的直覺，加之，對實際處境的理解及分析，是相當複雜的，所以難免出

---

❹　雖然他們各有不同的見解（尤其摩爾是目的論者，而其餘二人則是義務論者），但作爲直覺主義者則一。

❹　H. A. Prichard, 'Does Moral Philosophy Rest on a Mistake?', *Mind* (1912), reprinted in Wilfrid Sellers and John Hospers (eds), *Readings in Ethical Theory*, (Appleton-Century-Crofts, Inc., 1952).

❺　同上。

錯，因而導致錯誤的道德判斷。這並非承認對於同一處境的道德判斷，可容許異議，就像數學計算出錯，並不表示數學眞理不明確。

關於道德衝突的問題，普里查特認爲❺，理份（obligation）是有高下之分的，當衝突發生，我們便應問：「那是較高的理份?」並去實行。在這裏，要認識較高的理份，也是訴諸直覺的。

對於第一個問題的答覆，雖然解釋了爲何有不能解消的相異道德見解的出現，但卻沒有指出，如何去判定不同見解中孰是孰非。這裏透顯了直覺主義的致命傷：道德直覺所把握的道德眞理是自明的，毋須證明，那麼，假若持異議的雙方都聲稱自己的道德見解來自直覺的話，我們是無法知道誰握有道德眞理的。如果說，以「眞正的」直覺把握的才是道德眞理，不是以「眞正的」道德直覺把握的則不是道德眞理，而假的道德判斷並不是來自「眞正的」直覺的，這只是強調了道德直覺與道德眞理間的分析關係而已，在實踐上，我們也無法檢核誰的道德直覺才是「眞正的」道德直覺。斯佐遜（P. F. Strawson）說：「除非有檢驗、肯定或否定、提出證據支持或反對判斷的方法，否則稱這樣的判斷是『並非不能出錯』，是沒有意義的。」❺

這裏可見以數學類比道德之爲不恰當之一：數學上的計算結果，是可以驗證的，假定我們都接受相同的公理的話；因爲任何正確的算式都是分析的，都從公理演繹出來；而道德判斷是綜合的，由直覺把握，並不由推論而來。又假若公理本身有分歧，這涉及各人是否接受相同的定義，但對於不同的道德原則的爭論，並不是對於「好」或「應該」等字的定義的接受與否，因我們不容許同一判斷對甲來說是可接受的，對乙

---

❺ 同上。

❺ P. F. Strawson, 'Ethical Intuitionism', *Philosophy,* (1949), reprinted in *Readings in Ethical Theory,* op. cit., p. 254.

來說是不可接受的這模稜兩可的看法，也不能說兩不相容的判斷都對。且道德原則是綜合命題，不是定義，而直覺主義者也強調道德字詞是不能定義的。因此，對於「x是好的」與「x是壞的」這兩不相容的道德判斷，我們既不能訴諸系統內的知識以驗證其真假值，也不能訴諸定義或公理的可接受性，所以數學命題與道德命題存在着基本的差異。

　　此外，在某一特定處境下，可能發生道德衝突，而在同一系統內，數學上的公理或定理都不可能有衝突的。此為以數學類比道德之不恰當之二。

　　直覺主義者認為，憑着直覺，可以獲得道德上的知識，然而赫德遜卻引艾亞（A. J. Ayer）所提供的關於認知的三項條件，來反駁此種說法❸。艾亞提出，必須滿足以下三項條件，才稱得上「我知道 x」：(1) x 是真的；(2)我相信 x；(3)對於「你如何知道 x？」這問題，能給予一適當的答案。直覺主義者聲言，「直覺」可用以說明如何知道 x，更可使人有權說「我知道 x。」但對於某一道德判斷，被問及如何知道是這樣時，若答：「憑着直覺」，那麼，因為這答案並不能將「我知道 x」這事件納入物理學或心理學的架構中去解釋❹，所以赫德遜認為，「直覺」並沒有說明我們如何獲得知識。此外，因為說知識來自直覺，並不能保證知識的正確（就算我們同意「來自直覺的知識是正確的」，但我們甚至不能知道他的知識是否真來自直覺），所以上述的答案也不能使人有理由更肯定「我知道 x」。如此，「我憑直覺知道 x」這話，並不

---

❸　W.D. Hudson, *Ethical Intuitionism* (Macmillan Press Ltd., 1967), Ch.x，艾亞的說法見 A.J. Ayer, *The Problem of Knowledge*, (1956).

❹　所謂納入物理學或心理學的架構解釋「我知道 x」這事件，可以下面的例子說明。問：「你如何知道這是冰塊？」若答：「水在0°C 會凝固成冰，而這東西是將水放在 0°C 下而成的，故此此是冰塊。」便是訴諸物理學的解釋。問：「你如何知道他驚慌？」若答：「因他在淌汗、發抖，並說：『我很害怕。』……」這便是訴諸心理學的解釋。二者都是訴諸可驗證的較高原理。

比「我相信 x」有更大的力量。

或者有人會反對赫德遜，認為他不應以知識論上對於知識的要求，來限制道德上的認知與真理，因為在兩範疇內，認知及知識的涵義是截然不同的。普里查特在＜道德哲學是否基於錯誤？＞一文中，開宗明義的說，不應拿知識論與倫理學作平行的理論來比較❺，因為後一範疇中的真理，是不能以證據證明的。然而道德真理這點特徵，雖然可以避免艾亞一類的攻擊，但正是這特徵，使得直覺主義的理論內部不完滿（前已述：它無法檢核那是道德真理，也無法指出誰的判斷來自真正的道德直覺）。於是，直覺主義者聲稱的：「守諾是對的」、「不應該無故傷人」等道德判斷「來自直覺」，而藉以顯示它們的必然性與無誤差，乃因理論本身的不完滿，所以不單在認知方面，甚至在約制方面，都失去其權威力量。

另一方面，赫德遜分析得很正確，他說：直覺主義者以為行為或事物都存在一客觀的實體（entity），就是道德的性質，而人的心靈也存在一實體，就是道德的能力，兩實體相遇，於是產生道德判斷或知識，兩實體都是非時空的，存在於人的是精神的而非物質的，存在於事物的則是非自然的❻。在這分析下，我們看到，直覺主義的根本錯誤乃在於假設了事物存在着非自然的道德性質，而當人要作道德判斷時，就是把這些本有的性質發掘出來。赫德遜指出：「這不可置信的說明（按：指直覺主義），源自以下的假設：如果我們論及對與錯、好與壞，我們必定指涉行動或事件的性質，這些性質雖然是非自然的，但都是客觀地存在的。倘若接受了這起點，便會得出以下的說法：由於我們實在論及對與錯、好與壞，那麼，必定有些方法，使我們知道它們的存在，必定有些

---

❺ 同❹。

❻ 同❸。

能力去把握它們。道德直覺便被理解為該等能力。……這起點，即：一般地說的語言、特殊地說的倫理語言，就是它所指涉（refers）的東西，是錯誤的。我們需要的是『語言與指涉的東西』分離開來的嶄新觀點。」❺⑦

將「好」、「壞」等看成像「紅色」、「堅硬」一樣的事物的客觀屬性，是一種道德的實在論（Moral Realism）❺⑧。根據道德實在論，既然「好」「壞」是事物的性質，因此，「x是好的」是一道德真理或道德事實，可賦予真假值，而它的真假值是決定於該語句是否與事實或事態相符。布萊伯恩（S. W. Blackburn）在〈道德實在論〉❺⑨一文中，提出論證，顯示實在論的困難。首先，他提出道德真理的兩項特性。第一項是附隨的特性（property of supervenience）：道德性質是附隨着（supervenient upon）自然性質而來的。所謂附隨的特性，鋪陳出來就是：

(S)如果一性質M並不等同於$N_1 \cdots Nn$等任一性質，也不等同於它們的任一真值函數，且一事物之成為M、中止其為M、或變成比以前較多或較少的M，而不改變$N_1 \cdots Nn$其中的一些元素，是邏輯上不可能的，那麼，M乃是附隨着$N_1 \cdots Nn$而來的。

---

❺⑦ W.D. Hudson, *Modern Moral Philosophy*, Second Edition, (The Macmillan Press, Ltd., 1983) p. 105.

❺⑧ 現代持此學說的有 David Wiggins 與 John McDowell, 他們關於道德實在論的主要文章如下: David Wiggins, 'Truth, Invention and the Meaning of Life', *Proceedings of the British Academy 67*, (1976); John McDowell, 'Non-Cognitivism and Rule Following', S. Holtzman and C. Leich, (eds.), *Wittgenstein: To Follow a Rule*, (London: Routledge, 1981).

❺⑨ S. W. Blackburn, 'Moral Realism', John Casey (ed.) *Morality and Moral Reasoning*, (Methuen & Co. Ltd., 1971).

第二項特性是: 具有任何自然性質, 並不涵衍具有道德價值。卽:

(E)沒有任何道德命題, 其眞值是爲以自然性質賦予其主詞的命題
　　所涵衍的。

　　布萊伯恩認爲, (S)與 (E) 這兩項特性, 必須看成是後設倫理學的
兩項公理, 然而這些特性, 對實在論來說, 卻構成困難。實在論者必須
說, 道德命題的眞值在於它所報告的事態的存在與否, 然而根據(E),
這事態的存在並非由另一些自然事實的存在所涵衍, 又根據 (S), 維持
這些自然事實涵衍維持着道德事態。 舉例來說, 一事物A具有某組自然
性質與關係, 同時也具有某程度的道德價值如「好」, 根據實在論, 這
報告了一事態的存在——A是好的。而這事態並不由A之爲A的所有自然
性質所涵衍。如此, A在自然性質方面維持不變, 而這道德事態不再存
在, 是邏輯上可能的。那麼,附隨性對於實在論來說, 便變成一難明的、
孤立的邏輯事實, 無法給予說明。

　　假如我們將(E)改爲一較弱的前提(E′), 論證也成立。

(E′)有些道德命題是眞的, 但其眞值並不爲關於命題主詞的自然
　　　事實所涵衍。

　　因爲這樣的命題, 也具有一些附隨著自然事實的特性（道德的）,
而這種附隨性也是實在論者所不能接受的。採用 (E′) 作前提,結果更增
強論證的力量, 因爲只要有這樣的命題存在, 便可用來論證, 實在論是
不能成立的, 甚至在某些制度下, 就算「存在」涵衍「應該」, 亦無損
於論證的力量。

　　總括來說, 站在實在論的立場, 必須否認附隨性。在布萊伯恩看
來, 縱使道德價値眞的無關於我們的興趣、態度、欲望等等自然性質,
但如此一來, 這樣「純」的道德眞理便失去意義, 因爲我們再沒有理由
去提高某些興趣、改變某些態度、或誘導某些欲望了。如此, 道德實在

論可說是錯誤的。

　　對於非實在論，　道德的兩項特性並不構成困難，　因為在該等理論下，　道德謂詞並不指謂一存在的（或不存在的）事態，　而是，　當我們作道德命題時，　例如說「A是好的」，　我們是根據於某些理由而作出，這些理由可以是關於A的一些自然性質，於是，　附隨性在此是成立的；　同時，　我們也可肯定，該道德命題並不由關於A的自然性質的命題所涵衍，由此亦沒有違背(E)。

　　里爾(J. Lear)則從另一進路否定道德實在論。他在＜倫理學、數學與相對主義＞⑳一文中指出，　很多認為道德性質是客觀的「認識論者」(Cognitivist)（因為「好」「壞」是客觀的性質，所以它們是獨立於我們的個人欲望之外，　而可被認識的，　故實在論者又是認識論者，兩個名稱的分別在於前者標誌着他們的形上學方面的見解，而後者則突顯由該形上學理論引申而來的、關於道德眞理之獲得的認識論立場而已），常將數學與倫理學作類比，　在數學方面，　我們可把握數學眞理，而數學眞理是客觀的、不變的，且獨立於我們之外，同樣，　在倫理學方面，　也有所謂道德眞理，　這些眞理也可構成對眞實世界的知識。

　　認識論者為了說明他的觀點，　提出維根斯坦關於「生活的形式」(the form of life) 的說法，指出：　由於我們以某種方式生活，　有共同的對於事物特徵的知覺、利益途徑、自如的感受等㉑，　我們說我們掌握了規律。　規律是在此生活的形式內方有意義，　這在數學上如此，　在倫理學上也如此。　我們不可能走到此種生活形式之外，　而質詢這些規

---

⑳　Jonathan Lear, 'Ethics, Mathematics and Relativism', *Mind* (1983).

㉑　卽: the perceptions of salience, routes of interest, feelings of naturalness, 見 'Ethics, Mathematics and Relativism', op. cit., p. 45.

律⑥，因為在生活的形式外，沒有所謂規律。如此，在生活形式的領域內，可以說道德性質與道德事實是存在的。在此意義下，數學是一種揉合了客觀性、發現與發明的實踐(a practice that combines objectivity, discovery and invention)。

在數學方面，我們根本不能想像，不同於我們的生活形式的部族的數學真理是怎樣的；我們有如此的腦筋，才有 7＋5＝12 的數式，但具有與我們不同腦筋的人，所相信的數式是怎樣的呢？去設想這點，是超乎我們的腦筋的能力的。但在道德方面，「生活的形式」看來是一社會學的術語，而我們也覺察到與我們道德不同的人的存在。更有甚者，我們可以提出理由去解釋，為何我們認取這樣而非那樣的道德觀。實在難以說明，為何只有在「生活形式」的脈絡內，才可談真理、客觀性及必然性。

另一方面，數學的客觀性是可以解釋的，而倫理學則否。數學語句如 7＋5＝12 是真的，由於它能應用於世界——我們了解它能應用於世界，因為我們看到，它保存了物理世界的結構特徵。這是數學與倫理學不能類比的地方。

雖然數學真理之為真，可由它的可應用性來說明，但這說明並不能使任何人接受它。這裏里爾用了很長的篇幅，舉了一個例來說明某數學理論雖然在理論上成立，同時也可應用於世界，但人不一定要接受它，且能提出不接受的理由及論證。里爾認為，如果為了顯示倫理學的客觀性，而說它是一種發明，正如數學是一種發明一樣，那麼，並不能為倫理學挽回多少客觀性。

這樣，以數學類比於倫理學的研究，不只沒有支持認識論，反而擊

⑥　這類似於 David Wiggins 關於「人類中心」(Anthropocentricity) 的觀點，他認為郵筒是紅色的，因為世界構造如此，更因為人類構造如此，所以，從人類中心來看，「郵筒是紅色的」是不能隨意更改的真理。在道德方面，若從人類中心看，也有些不移的真理，讓人們去認識，見 'Truth, Invention and the Meaning of Life', op. cit.

倒了它。

　關於道德與價值是否具客觀性的問題，麥吉（J. L. Mackie）與赫爾都持否定的意見；但二者對於「道德是客觀的」的看法之爲錯誤，有不同的解釋。麥吉認爲⑥，自柏拉圖以還，很多哲學家都主張，有一些客觀的屬性存在於世間，使得一些道德判斷爲眞，如「好」是存在（且存在於某類事物之中）的性質，於是這些哲學家便認爲，道德是客觀的。麥吉指出，這是一關於實然的錯誤——誤將不存在的看作存在，例如，以爲某些行動具有某種道德性質，其實並不具有，因爲根本沒有這些性質。赫爾則認爲⑥，「客觀價值」這概念是不一貫的（incoherent），故若認爲道德或價值是客觀的（或者說，有些客觀的價值存在），乃犯了語言上或概念上的謬誤，而非實然的錯誤。因爲價值判斷，在赫爾的理論下，是一指令，而不是一有眞假值的語句，我們更不能藉着知道指令內各字詞的涵義，而決定其眞假值。由於價值判斷不是一描述語句，故更談不上客觀。所以，說「客觀價值」或「客觀指令」所犯的錯誤，是關於「客觀」及「價值」或「指令」的涵義間的不一貫的錯誤，因此是概念的錯誤。

　「客觀」一詞可以有不同的意義，在這裏，赫爾與麥吉的爭論，很可能是基於對「客觀」的理解的分歧：赫爾認爲，只有描述字詞才表達客觀的屬性，於是，將「客觀」加於一指令之上，就是犯了不一貫的謬誤，由此看來，赫爾是着重於字詞的語言上的涵義；麥吉則認爲，「客觀」有其存有論的（ontological）涵義，「客觀」蘊涵「存在」，故說「客觀的價值」，就是聲稱有些性質存在於事物之中，旣證明了這是假

---

⑥　J.L. Mackie, *Ethics: Inventing Right and Wrong*, (Penguin,1977), Ch. 1.

⑥　*Moral Thinking: Its Levels, Method and Point*, op. cit., pp. 78-86.

的，則該聲明便是犯了實然的錯誤。由此看來，兩種分析在不同的涵義下，都可同時成立而不互相排斥。

威廉斯關於道德判斷的主、客觀性問題，提出了「主觀的道德判斷」的三種意含[65]：⑴某人的道德判斷只是敘述（或表達）他自己的態度。⑵道德判斷不能像科學語句一樣被證明、建立、或顯示爲眞，它們是個人的見解。⑶沒有任何道德事實；只有科學或普通觀察可以發現的一類事實，及人們加諸這些事實的價值。⑴展示了一關於道德評價的特性的廣義邏輯或語言觀點；⑵表達一關於道德判斷的知識論觀點；而⑶則闡述了一形而上的觀點。關於⑵、⑶，已在本節中詳細分析，至於⑴，將在下章＜指令論＞中討論；假使道德語言符合⑴所說的特性的話，則道德判斷乃在上述三種意含下都是主觀的。

在本節中，我們提出了反對道德實在論的論證；屬於形上學的道德實在論既經否定，那麼，由此而來的屬於知識論的道德直覺主義也是不能成立的。

二、指令論

A. 指令論的理論

1. 道德判斷的指令性

道德原則是用以指導我們的行爲的，經常爲「我應該做甚麼?」提供解答，因此，道德語言是一種指令語言（Prescriptive Language)。指令語言有很多種，包括令式（Imperative）及價值判斷，而令式又可分全稱的（universal)與單稱的（singular)，價值判斷也分道德的與非道

---

[65] B. Williams, *Morality: An Introduction to Ethics,* (Cambridge U. Press, 1972) pp. 28-29.

德的，它們之間的關係可表列如下：

以上是赫爾對道德語言的觀點❻。赫爾更認爲，「我應該做 x」涵衍「讓我做 x」，前者是價值判斷，而後者可視爲一對自己所作的命令（command），價值判斷與命令的分別在於前者是可普遍化的（universalizable）（此乃道德語言的另一邏輯特性，下節詳述）。而命令所具有的文法形式就是令式，無怪乎赫爾聲稱，他無意將道德語言化約爲令式，但對令式的研究，是研究倫理學的最佳導引❼。

　　赫爾認爲，道德語言也有一套類似描述語言的邏輯，使得道德判斷之間，或道德判斷與描述語句之間，存在着某種邏輯性格，令例如 A 與非 A 互相矛盾（A 是道德判斷），此外，假如 A 涵衍 B，並且 A，則 B。因此，赫爾企圖建立一個論點，就是：令式與述式（Indicative），卽描述語句的文法形式）的邏輯是同構的（isomorphism）。爲了說明此點，赫爾將語句（述式與令式）分析成兩部分：描述項（phrastics）與表態項（neustics）。描述項共同存在於述式與令式內，負責描述功能，而表態項則是表示語態的部分，藉它可分判語句是令式還是述式。例如，述式「你將關門」可分析成：「你之卽將關門，是。」其中「你之卽將關門」是描述項，「是」是表態項，而令式「請你關門」可分析成：「你之卽將關門，請。」「你之卽將關門」是描述項，「請」是表態項。一語句中的否定符、「如果」、「和」、「或」等邏輯連詞，乃屬於分析後的描述項，如此，這等連詞在述式中具有的**邏輯性質**，也爲令式所有，

❻　見 *The Language of Morals*, op. cit., 及 *Practical Inferences*, (The Macmillan Press, Ltd., 1971, reprinted in 1972).

❼　*The Language of Morals*, op. cit., p.2.

亦卽是說，令式與述式的邏輯同構。此外，語意概念如「分析」(analy-tic)、「矛盾」(contradictory) 等，邏輯規律如排中律、離斷律、代換律等，都可應用於述式與令式共有的描述項。

對於述式的肯定（或否定），可以「眞」、「假」表示，而對於令式的肯定，則以「同意」、「不同意」表示；例如在一涵衍關係中，述式的前項爲眞，後項也必然爲眞；在令式方面，同意前項，亦卽同意後項。赫爾認爲，我們眞誠地同意一語句（述式），若且唯若我們相信它是眞的；另一方面，我們眞誠地同意一加於我們的命令，若且唯若我們按照（或立意按照）該命令而行。如此，假若服從該命令的時機來到，而我們沒有作的話，可以說我們改變了主意。「若有一第二人稱的命令加於我們，而此時是按照命令而行的時機，又服從此命令是在我們的（物理及心理）能力之內的，而我們不去作，那麼，我們便不是眞誠地同意該命令，這話是一恆眞命題。」⑱

至於令式的邏輯推論，除了服從上述適用於述式與令式的邏輯規律外，赫爾還提出兩規則：

(1)沒有任何述式的結論，能從一組前提對確地推論出來，假若該結論不能單從前提中的述式推論出來的話。

(2)沒有任何令式結論，能對確地從一組沒有包含最少一令式的前提推論出來。

顯示(2)的例子如下：

從： 把所有的書拿到房外。

　　桌上有一本書。

可得： 把桌上的書拿到房外。

前提包含最少一令式，才能得到令式結論。但，

從: 倫敦是英國的首都。

可得: 如果你想去英國的首都, 去倫敦。

看來令式的結論 (屬於假然令式 Hypothetical Imperative), 乃從述式推出, 但赫爾認爲, 結論中的「想」(want)是含有一令式表態項的, 因而推論可改寫如下:

從: 你之去英國的首都, 請。

　　倫敦是英國的首都。

得: 你之去倫敦, 請。

所以, 這推論並不構成(2)的反例。

　　在對赫爾的指令論作了一簡述之後, 現在讓我們看看該理論可能遭遇的困難。

　　卡斯坦尼德 (Hector-Neri Castañeda) 在＜令式、決定與應該: 一邏輯的形上探討＞❻⑨一文中, 對赫爾的指令論作了深入的討論。卡氏指出, 赫爾的理論建立在對「應該」的分析上:

　　(O*)一應然的肯斷 (assertion)是實踐的, 或主要是屬於行動的語言, 如果它是以某種方式, 關連着使得或指引他人選擇人物、物體或行動的目的的話。

而下列的定義(D)及命題(P)便是組成赫爾學說的基本主張。

　　(D₁)語句 (在與一邏輯的討論相干的意含下) 卽是 (在文法上)「在一特殊的場合, 由一特殊的講者所用的語句」。

　　(D₂)一語句是一令式, 卽是它的主要動詞乃具有文法家所說的命令語態。

---

❻⑨　Hector-Neri Castañeda, 'Imperatives, Decisions and "Ought": A Logico-Metaphysical Investigation', Hector-Neri Castañeda & George Nakhnikian,(eds.), *Morality and the Language of Conduct*, (Wayne State University Press, 1963).

(P₁)一語句是一令式，若且唯若它用作「告訴（叫）他人去使某些東西成為事實」，即是，「告訴他人去作某事」。

(P₂)一語句是述式，若且唯若它用作「告知他人某些東西是事實」。

(P₃)沒有任何令式結論，能對確地從一組沒有包含最少一令式的前提推論出來。

(P₄)告訴（他人去作某事）的角色與告知的角色是相互獨立及不同的。

(D₃)一應然語句乃用作評價的，即(1)、它涵衍至少一令式，(2)、它是適當地普遍的。

除了上述的基本主張外，還有：

(P₅)沒有任何述式的結論，能從一組前提對確地推論出來，假若該結論不能單從前提中的述式推論出來的話。

(P₆)令式「X，做A」及其相應的述式「X做A」可以分析成一共同分子「X之做A」（稱描述項）及一特殊的語句符「請」或「是」（稱表態項）。

(P₇)「如果」、「和」、「或」、「非」，甚至「所有」、「一些」等邏輯字詞（通常）都屬於描述項，即是說，它們將描述項與描述項連接起來，並非將語句與其他語句連接起來。

以下是卡氏對指令的質疑。

一、關於(P₇)的問題。

卡氏首先指出，(P₇)是錯的。試檢視下面的語句：

(a)你，保羅，正去關門，或你，阿寶，關門。

(b)你阿寶，正去關門，或你，保羅，關門。

(c)你，阿寶，或你，保羅，關門。

(a)、(b)、(c)三令式的涵義是截然不同的。(a)叫阿寶去關門，如果保羅沒

有關門的話。(b)完全沒有叫阿寶去關門；只是叫保羅去關門，如果阿寶沒有關門的話。(a)則沒有這涵義。(c)沒有單獨叫保羅，或單獨叫阿寶去關門。卡氏認為，根據(P_6)及(P_7)，如果將(a)與(b)視作藉「或」連接兩語句而成的話，那麼，它們都是沒有意義的（「『你，保羅之關門』，是，或，『你，阿寶之關門』，請」是沒有意義的，因為「或」並非連接語句，只連接描述項）。另一方面，若將(a)、(b)、(c)三令式視作藉「或」連接兩描述項，而附以「請」這表態項的話，那麼，三令式之間，是不能辨別的，因為它們都具有以下的形式：

「『你，保羅之關門，或你，阿寶之關門』，請。」

所以，(P_7)是錯誤的。

二、關於(P_5)的問題。

卡氏認為，(P_5)是錯誤的，這點可以下面的反例證明。

從：你，把桌上的書拿來。

可得：在桌上有一本書。

這裏，述式的結論並非從前提的述式部分推論而得，因前提根本不含述式。卡氏認為，甚至將前提分析成：

在桌上有而且只有一本書，

及

你，把它拿來。

也不能補救，因為在「把它拿來」中的「它」的指謂不明，故整句令式不完整。

卡氏說，赫爾的中心學說(P_1)—(P_4)與定義(D_1)—(D_3)並不建基於(P_5)—(P_7)之上，所以，就算(P_5)—(P_7)證明是錯的，也不影響指令論的成立。雖然如此，考察應然語句之間的邏輯關係，可能會發現構成指令論困難的地方。

三、關於應然語句的否定句的問題。

對於一應然語句「A應該做X」，可有兩不同的否定句：

A不應該做X。（A ought not to do X.）

及

A應該做X並非實情。（It is not the case that A ought to do x.）前者可以說涵衍令式：「A，不要做X。」但是後者並不涵衍任何令式，所以它並不是評價語句（根據(D₃)）。但「A應該做X」既是評價的，何以它的否定句不是評價的呢？卡氏認爲，從應然語句的（其中一形式的）否定句不涵衍令式這事實，可顯示「涵衍令式」並不是應然語句及其否定句中「應該」一字的共有涵義，因此（D₃）並不能提供「應該」一字涵義的部分分析。

四、關於條件句的問題。

對於一令式如：「若果他來，告訴他。」讓我們稱緊跟着條件符（如：「若果」、「唯若」等）之後的子句（即：「他來」）爲規限句（conditioning clause），稱另一子句（即：「告訴他」）爲被規限句（conditioned clause）。普通的令式不能作規限句，但應然語句則既可作規限句，也可作被規限句，這點造成令式與應然語句間的重大差異。

卡氏說，赫爾並沒有覺察到令式不能出現在從屬子句（subordinate clause）中，卻在說明假然令式並非（P₃）的反例時，提出將出現在規限句中的令式，以「想」來改寫。試看下面的推論：

「王子復仇記」是莎劇之一。

讀所有莎劇。

因此，讀「王子復仇記」。

這是對確的推論。將它寫成：

「王子復仇記」是莎劇之一。

　因此，如果讀所有莎劇，讀「王子復仇記」。

而同樣對確。如照赫爾建議，有令式出現的規限句「如果讀所有莎劇」可改寫成：「如果你想讀所有莎劇」。但卡氏認為，經改寫後，便失去原來「讀所有莎劇」的命令涵義——叫他人去讀莎劇。所以，將「你想讀所有莎劇」，看成是叫聽者去讀所有莎劇，是錯誤的，因為「如果」這連詞顯示規限子句是未經肯斷的。

　　此外，從另一途徑，亦可顯示條件句的問題。

　　(a)如果你想讀所有莎劇，讀「王子復仇記」。(If p, then q.)

(a)邏輯上等價於它的異質換位式（contrapositive）(a′)，(a′)可以下列二方式出之。

　　(b)唯若〔(a)中規限句的否定句〕，〔(a)中被規限句的否定句〕。

　　　(Only if~p, then~q)

　　(c)〔(a)中規限句的否定句〕，如果〔(a)中被規限句的否定句〕。

　　　(~p, if ~q)

於是，(a′)以(b)的方式，得：

　　(a₁)唯若你不想讀所有莎劇，不要讀「王子復仇記」。

而根據赫爾，(a)乃改寫自(d)。

　　(d)如果讀所有莎劇，讀「王子復仇記」。

至於(d)的異質換位式，以(c)的方式，則是：

　　(d₁)不要讀所有莎劇，如果不要讀「王子復仇記」（即：保留「王　　　子復仇記」不讀）。

(d₁)在規限句中出現令式，故可改寫成：

　　(d₂)不要讀所有莎劇，如果你想保留「王子復仇記」不讀。

根據赫爾，(d₂)應與(a)或(a₁)等價，但事實卻不如此。而此點由(d₂)以(b)的方式形成的異質換位式(d₃)中看，更為明顯。

(d₃)讀所有莎劇，唯若你不想保留「王子復仇記」不讀。

卡氏進一步指出，若赫爾以「想」來改寫出現在規限句中的令式的建議成立，則出現一嚴重問題，那便是：假如恆眞句「如果P，則P」中的P是令式的話，則此恆眞句成爲：「如果你想P，則P」，於是我們必須接受：「如果你想虐待他，虐待他。」爲恆眞句。然而，我們通常認爲的「就算你想虐待他，不要虐待他。」卻不是矛盾式。

五、關於推理的問題。

先看下面的推理：

如果你應該在六月畢業，則你應該參加下星期的考試。你應該在六月畢業。

因此，你應該參加下星期的考試。

但卡氏指出，由於規限句不能是令式，所以在大前提中的「你應該在六月畢業」並非令式或作評價之用，但小前提「你應該在六月畢業」則是（或涵衍）令式並用來評價，於是，整個推論的形式是：「如果a，則B；A，因此B。」而這不是對確的推理形式。

現在讓我們看看赫爾對上述卡氏提出的問題，可能作的辯護。

關於(p₇)的問題，赫爾的辯護可設想如下。對於卡氏所提出的三句析取語句，可將(a)及(b)改寫成條件句，分別爲（a′）及（b′）。

(a′)如果保羅不去關門，你，阿寶，關門。

(b′)如果阿寶不去關門，你，保羅，關門。

(a′)若分析成描述項與表態項，乃是：

當保羅不去關門之時，阿寶之關門，請。

(b′)則成：

當阿寶不去關門之時，保羅之關門，請。

(c)也自然成爲：

阿寶之關門或保羅之關門，請。

如此，連詞均收進描述項內，且三句都突出了本有的分別。

至於（p₅），赫氏並沒有提出任何證明，只是敍述出來而已，而且他亦明言，（p₅）與指令論及道德推理的關係不大❼⓪。如此，我們只有這樣看待（p₅）：（p₅）是未經證明的，而就算不成立，也不影響赫爾的中心理論。

關於第三點，赫爾明確指出，「Ａ應該做Ｘ」與「Ａ不應該做Ｘ」是對反的（contrary），而「Ａ應該做Ｘ」與「Ａ應該做Ｘ並非實情」才是矛盾的（contradictory）❼①，至於「Ａ不應該做Ｘ」的矛盾句則是「Ａ不應該做Ｘ並非實情」。「Ａ應該做Ｘ」涵衍「Ａ，做Ｘ」，後者的矛盾句乃是：「Ａ，不要做Ｘ」。如此，既然「Ａ應該做Ｘ並非實情」涵衍令式「Ａ，不要做Ｘ」，所以它亦是評價的。（我們或者會發覺，「Ａ不應該做Ｘ」與「Ａ應該做Ｘ並非實情」二者都涵衍「Ａ，不要做Ｘ」這令式，此點在下面將會詳論。）

關於條件句的問題，赫爾在＜想：一些陷阱＞❼②一文中，分辨了兩種意含的「想」。例如在「Ａ想Ｘ」中，「想」表示：

Ａ，在心理方面的事實是，有一欲望。

這相當於：

Ａ內心說：「讓我得到（或實現）Ｘ。」

然而對於規限句中的令式，當改寫成「如果Ａ想……」時，這「想」就不單表示一心理方面的事實；只肯定「Ａ內心說：『讓我得到Ｘ』」的

---

❼⓪ 同❻⑦，p. 28.

❼① R. M. Hare, "Some Alleged Difference between Imperatives and Indicatives", *Mind,* (1967), reprinted in *Practical Inferences,* op. cit.

❼② R.M. Hare,'Wanting: Some Pitfalls',first published in'Agent, Action and Reason', *Proceedings of Western Ontario Colloquium,* ed. by R. Binkley, (1968), reprinted in *Practical Inferences,* op. cit.

事實，並不能分離出後項，而必須我們自己，正如A一樣，內心說：「讓A得到X。」用赫爾的例子說明，會更爲清楚。

(W₁)如果你想在湯中放糖，你應招喚侍者。

(W₂)如果你想在湯中放糖，你應作糖尿病檢驗。

在(W₂)句中，從「你想在湯中放糖」這一事實（或你內心說：「讓我在湯中放糖。」這一事實），便可分離出後項，卽得：「你應作糖尿病檢驗」的結論；但在 (W₁) 中，這樣的事實並不能分離出後項，我們自己必須在肯定「你應招喚侍者」之前，內心說：「讓他在湯中放糖」，亦卽同意條件句中的令式，才能得到上述的結論。

由此看來，赫爾將條件句中出現在規限句內的令式，改寫成「想……」的形式，只爲避免日常文法上的突兀，改寫後的規限句並不失去指令的性質。

澄清了「想」字可能導致的混淆之後，再看莎劇的例，問題便可得解決。

(a)如果你想讀所有莎劇，讀「王子復仇記」。

(a)中的規限句是一令式，可以下面的形式表示：

你之讀所有莎劇，請。

而被規限句則可以下面的形式表示：

你之讀「王子復仇記」，請。

那麼，(a)以(b)的方式所成之異質換位式(a′)，經分析爲描述項與表態項後，則是：

(e)唯若你不想讀所有莎劇，則你之讀「王子復仇記」，請不。

(a)以(c)的方式所成之異質換位式(a′)，分析後乃是：

(f)如果你不想讀「王子復仇記」，你之讀所有莎劇，請不。

根據赫爾，(e)與(f)是與(a)或(a₁)等價的。上述的 (d₃) 看來不等價於

(a)，乃是因爲企圖將(d_1)中規限句的令式以「想……」改寫，成爲(d_2)，但改寫錯了。詳述如下：

在 (d_1)中，規限句：「不要讀『王子復仇記』。」固可改寫成「想……」的形式，卽：

你不想讀「王子復仇記」。

二者分析成描述項與表態項，都是：

你之讀「王子復仇記」，請不。

但(d_2)的規限句則是：

你之保留「王子復仇記」不讀，請。

這明顯地與(a)的規限句（經分析後）不同。而(d_3)的規限句是 (d_2)規限句的否定：

你不想保留「王子復仇記」不讀。

分析後，成：

你之保留「王子復仇記」不讀，請不。

因(d_2)的規限句弄錯了，所以(d_3)的規限句也是錯的，(d_3)的規限句應是上述：

你之讀「王子復仇記」，請不。

的否定句，卽

你之讀「王子復仇記」，請不不。

相當於：

你之讀「王子復仇記」，請。

於是，正確的(d_3)應爲：

唯若你想讀「王子復仇記」，讀所有莎劇。

而此乃與(a)或(a_1)等價，(d_3)分析後亦與(e)或(f)等價❸。

至於「如果 P，則 P」這恆眞式，若果 P 是述式的話，則不會出現

問題，只當P是令式，而被人們以述式看待時，問題才產生。亦卽是說，「如果你想P，則P」中的「想P」被看成是一心理事實時，便出現「如果你想虐待他，虐待他」這荒謬的指令，此指令不但不能接受，且違背了(P₃)。若明白到以「想……」改寫規限句中的令式後，並不失指令的涵義，亦卽將規限句理解成：「內心說：『讓你得到P』」，荒謬的結論便不會出現。

最後關於推理的問題。既然可以將規限句中的令式以「想……」的形式改寫，於是規限句中的應然語句依然可以涵衍令式，故不失其評價性。如此，大前提中的應然語句（出現在規限句內），完全等同於小前提，所以推論是對確的。另一方面，認為出現在規限句中的令式因緊隨條件符，所以未經肯斷，不能叫聽者做事，這種看法，不單否定了假然令式中規限句可有命令的涵義，甚至否定了出現在前提的令式，可有命令的涵義，因為在一推理內，前提都是未經肯斷的，而結論只是假設前提成立，才推論出來。上面的分析明白指出，用「想……」改寫後的令式完全維持令式的涵義——叫聽者做某事情。

除了應然語句與令式間的關係受到質疑外，指令語句與許可判斷 (Permissibility Judgement) 在「應然語句涵衍令式」這一理論下，互相的邏輯關係的問題方面，亦曾引起爭論。

托倫斯(Stephen B. Torrance) 在＜指令論與不完整性＞ ❼ 一文中，提出「應然判斷是指令的」及「許可判斷是許可的」兩主張都是錯誤的。他的論證如下：

---

❼ 假設「讀『王子復仇記』」是強的令式，則(d₁)的規限句「不要讀『王子復仇記』」是弱的禁令，於是 (d₂) 的規限句也應是弱的禁令，但當寫成「你保留『王子復仇記』不讀」時，則成了強的禁令，所以這改寫是錯的。關於指令的強、弱解釋，見後。

❼ Stephen B. Torrance, 'Prescription and Incompleteness', *Mind*, (1981).

在傳統的模態邏輯觀中（Modal View），「應該做X」（OX）是與「應該不做X」（O-X）對反的，而 OX涵衍「做X」（DX），O-X涵衍「不做X」（D-X）。「做X是沒錯的」（It would be all right to do X.）（RX）涵衍「你可以（被容許）做X」（You may do X.）（MX）。DX與D-X是對反的。它們間的關係可以方形表示。見圖一及圖二。

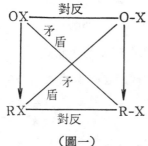 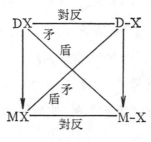

（圖一）　　　　　　　（圖二）

OX等價於-(R-X)，O-X價於-(RX)，R-X與RX對反。DX等價於-(M-X)，D-X等價於-(MX)，MX與M-X對反。待反證的學說❼⑤:

(Z): ①OX涵衍DX（O-X涵衍D-X）

②RX涵衍MX（R-X涵衍M-X）

假定(Z)。則

1. R-X涵衍M-X　　　（(Z)之②）

∴2. -(M-X)涵衍-(R-X)　　　（1.之異質換位）

3. OX↔-(R-X)　　（前提）

4. DX↔-(M-X)　　（前提）

∴5. DX涵衍OX　　（2.、3.、4.　代換律）

6. OX涵衍DX　　（(Z)之①）

∴7. OX相互涵衍DX　　（5.、6.）

∴8. 如果(Z)，則OX相互涵衍DX　　　（1.～7.）

❼⑤ 下面的論證以健斯拿的形式來形構。見 Harry J. Gensler, 'How Incomplete Is Prescriptivism?', *Mind*, (1984).

9. OX不相互涵衍DX　　　（前提）

∴10. (Z)是錯的　　（8.、9.）

而對於反模態邏輯觀（Anti–Modal View）來說　（托倫斯認為赫爾是代表之一），DX與D-X不單對反，而且矛盾，如此，DX 不與M-X 矛盾（即 DX 不等價於-(M-X)），上述論證的第四步驟不成立。然而，在反模態觀的解釋下，出現另一些嚴重的問題，就是既然MX與D-X 沒有矛盾關係（因D-X之矛盾式乃DX），那麼，便沒有東西涵衍MX（因為一東西涵衍 MX，就是該東西與MX 的矛盾式不一貫，亦即MX的矛盾式涵衍該東西的矛盾式）。同樣，也沒有東西涵衍M-X；於是(Z)之②便是錯的。它們間的關係見圖三：

$$DX \underset{}{\overset{\text{矛盾}}{\rule{3cm}{0.4pt}}} D\text{-}X$$

$$MX \underset{\text{對反}}{\rule{3cm}{0.4pt}} M\text{-}X$$

（圖三）

同時，如果 DX 不涵衍MX的話，則會出現「做X」的命令，而拒絕同意「你可以做X」的許可的情況，而這是反直覺的。

但是，正如健斯拿（Harry J. Gensler）在＜指令論如何不完整?＞❼一文中指出，雖然在反模態觀下，D-X 不與 MX 矛盾，但 MX 也有其矛盾式，即是-MX（「你可以做X」與「你不可以做X」相矛盾，而M-X（「你可以不做X」）與-(M-X)（「你不可以不做X」）矛盾。於是，DX與MX之關係變成如圖四所示：

MX的對反是 M-X，矛盾式是 -(MX)，OX 的對反是 O-X，矛盾式是 -(OX)，在這裏，我們發覺，「應該做X」（OX）涵衍「做X」

---

❼ 'How Incomplete Is Prescriptivism?', op. cit.

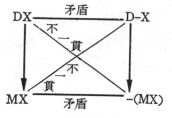

（圖四）

(DX)，「應該做Ｘ不是實情」(-(OX))涵衍「做Ｘ不是實情」(-(DX))，那麼，「不應該做Ｘ」(O-X)涵衍「不做Ｘ」(D-X)，但「做Ｘ不是實情」與「不做Ｘ」看來沒有甚麼分別，然則，是否 -(OX)與O-X涵衍同一令式？

　　關於這問題，健斯拿認爲，不單「不要做Ｘ」有歧義，甚至 DX本身亦有歧義 (-(O-X) 涵衍的 DX 應與 OX 涵衍的 DX 不同)。健斯拿提出，令式 DX 有強令式與弱令式之分，前者表示：「你非如此作不可」（相當於「你不可以不做Ｘ」），後者表示：「做 Ｘ是第一選擇」（這只是一取捨，並非要求）。如此，強的 DX 涵衍 -(M-X)，亦爲 -(M-X) 所涵衍，換句話說，二者等價。強的 DX 的矛盾式 -(DX) 則等價於 M-X。弱的 DX則等價於 MX，弱的 DX 的矛盾式 (D-X) 等價於M-X。它們間的關係見圖五：

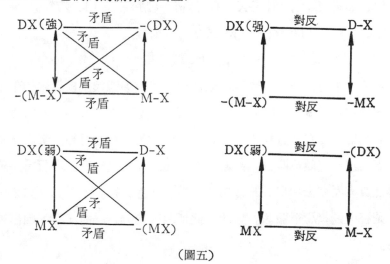

（圖五）

在說話的脈絡中，我們不容易分辨「做X」是取那一涵義；無論如何，可以見到，模態觀是取 DX 的強的解釋，即 DX↔-(M-X)，所以在上述論證中，第4步乃視作前提；而反模態觀則取弱的解釋，於是 XD ↔ -(M-X)。

健斯拿認為，指令論者會接受應然判斷涵衍強的令式的 看 法， 如此，可將(Z)重新建構如下：

(Z*): ①OX 涵衍 -(M-X) (O-X 涵衍 -(MX))

②RX 涵衍 MX (R-X 涵衍 M-X)

假定 (Z*)，則

1.R-X 涵衍 M-X   ((Z*)之②)

∴2.-(M-X) 涵衍 -(R-X)   (1.之異質換位)

3.OX↔-(R-X)   (前提)

∴5*. -(M-X) 涵衍 OX   (2.、3.代換律)

6*. OX 涵衍 -(M-X)   ((Z*)之①)

∴7*. OX相互涵衍 -(M-X)   (5*.、6*.)

∴8*. 如果 (Z*)，則 OX 相互涵衍 -(M-X)   (1.~7*.)

9*. OX 不相互涵衍 -(M-X)   (前提)

∴10. (Z*) 是錯的   (8*.、9*.)

這論證不再需要第4步驟，因此避免了模態觀與反模態觀的爭論。至於屬於前提的 9*.，以赫爾看來，OX 與-(M-X) 並不相互涵衍，因為前者涵衍：「在普遍性質方面完全相似於X行為的行為，都應該做。」而後者則沒有這涵衍關係。健斯拿則懷疑，「如果應該做一行為，則在普遍性質方面完全相似於該行為的行為，都應該做。」中的「如果……則」是否一邏輯涵衍關係。如此，健斯拿否定9*.，而 (Z*) 因而得以保住。

　　但是，赫爾必定不同意否定 9*.，那麼，是否他的基本理論（主要是（Z）之①）出了問題呢？讓我們再次展示OX、DX、RX 與 MX 間的關係。

A：
OX　（應該做X）
-(R-X)（不做X是沒錯的不是實情）→
-(M-X)（可以不做X不是實情）
DX（做X—強的指令）

B：
-(OX)（應該做X不是實情）
R-X（不做X是沒錯的）→M-X　（可以不做X）
-（DX）（做X不是實情—弱的禁令）

C：
O-X(應該不做X)
-(RX)（做X是沒錯的不是實情）→-(M X)（可以做X不是實情）
D-X（不做X—強的禁令）

D：
-(O-X)（應該不做X不是實情）
RX（做X是沒錯的）→MX（可以做X）
DX（做X—弱的指令）

A與B的對應項互相矛盾，C與D的對應項也是互相矛盾；A與C、B與D的對應項互相對反[⑰]。如圖六。

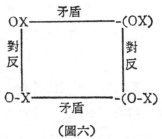

（圖六）

　　假設這樣理解 OX、DX、RX、MX 的關係沒有錯誤。現在，試看下面的推論：

　　1.　-RX→D-X　　（C）

[⑰]　我們發覺，「不做X是沒錯的」（R-X）的矛盾項「不做X是沒錯的不是實情」（-(R-X)），等價於「不做X不是沒錯的」(-R-X)，所以只需把 R-X中的模態符R加上否定的運算符，便可得整個句子的否定句，即：-(R-X)=-R-X。故-(RX) 亦可寫成-RX。同樣，-(M-X)=-M-X。-(MX)=-MX。但-(OX)（「應該做X不是實情」）卻不能寫成-OX（「不應該做X」），因為前者是 OX 的矛盾式，但後者則相當於OX 的對反O-X（「應該不做X」）。同樣，-(DX) 不能寫成-DX，而-DX卻相當於D-X。

2. DX→RX　　(1.的異質換位)

3. -R-X→DX　　(A)

4. -R-X→RX　　(3.、2.傳遞律)

5. -DX→R-X　　(3.之異質換位)

6. -RX→R-X　　(1.、5.傳遞律)

7. R-X→-(DX)　(B)

8. DX→-R-X　　(7.之異質換位)

9. RX→DX　　(D)

10. RX→-R-X　(9.、8.傳遞律)

11. RX↔-R-X　(10.、4.)

在這推論中，RX↔-R-X(11.)明顯地是錯誤的，問題出在那兒呢？細察下，我們發覺，1.中的 -DX 是強的禁令，經異質換位後，2.中的DX成了弱的指令，但 3.的 DX 卻是強的指令，兩 DX 的涵義不同，故不能得出4.。同樣，1.與5.、8.與9.間的 DX 都牽涉歧義。所以，結論是不成立的。

因為 DX 有歧義，讓我們以不同的符號表示 DX 與 -DX 的不同意含，以免混亂。強的指令——DX，弱的禁令——-(DX)強的禁令——D-X，而弱的指令與強的禁令相矛盾，故可以 -(D-X)表示。

但是，就算我們避免了歧義的問題，也可見到一些不能接受的結論，如：

1. R-X→-(DX)　　(B)

2. DX→-R-X　　(1.之異質換位)

3. -R-X→DX　　(A)

4. DX↔-R-X　　(2.、3.)

又：

1. $-RX \rightarrow D-X$　　（C）
2. $-(D-X) \rightarrow RX$　　（1.之異質換位）
3. $RX \rightarrow -(D-X)$　　（D）
4. $RX \leftrightarrow -(D-X)$　　（2.、3.）

在這二推論中，DX 沒有歧義，但結論 $RX \leftrightarrow -(D-X)$ 及 $DX \leftrightarrow -R-X$ 都不能接受。再看下面的簡單涵衍關係：

$$OX \rightarrow DX$$

經異質換位後得：

$$-(DX) \rightarrow -(OX)$$

結論的前項是單稱指令，後項是應然判斷，一指令永不涵衍應然判斷，因爲後者是普遍的。這樣看來，歸根究底，問題似乎在異質換位不能應用於 $OX \rightarrow DX$ 這類涵衍關係上。赫爾的反對者可能便藉此攻擊，說他以爲指令與描述語句的邏輯同構的觀點，是錯誤的。但在量化邏輯上，$p \rightarrow q$ 的異質換位式不再是 $\sim q \rightarrow \sim p$：$(x)Fx \rightarrow (\exists x)Fx$的異質換位式不是$(\exists x)\sim Fx \rightarrow (x)\sim Fx$，而是$(x)\sim Fx \rightarrow (\exists x)\sim Fx$。因爲在$OX \rightarrow$ DX 中，OX 有可普遍化的特性，所以這涵衍關係是相似於 $(x)Fx \rightarrow$ $(\exists x)Fx$ 的涵衍關係的[78]。所以不能從 $OX \rightarrow DX$ 推論出 DX 涵衍 OX（或$-(DX)$涵衍$-(OX)$）的結論，否則是犯了根本錯誤。

　　健斯拿在比托倫斯的文章早很多年發表的〈指令論不完整定理〉[79] 一文中，企圖否定「應該」有可普遍化的指令涵義、「錯誤」有可普遍化的禁令涵義、「沒錯」有可普遍化的容許涵義，但在其論證中，也是不自覺的犯了上述的根本錯誤，所以他的計劃可說是失敗的。

---

[78]　赫爾也曾提及這點，但無詳述，見 'Some Alleged Difference between Imperatives and Indicatives', op. cit., p. 35.

[79]　Harry J. Gensler, 'The Prescriptivism Incompleteness Theorem', *Mind*, (1976).

除了卡斯坦尼德、托倫斯、健斯拿等對赫爾的令式邏輯 提 出 質 疑 外，吞保爾(Robert G. Turnbull) 對於將一語句分析成描述項與表態項，而將邏輯規律應用於描述項的主張，也作以下的批評❽。

他認爲若邏輯連詞只在描述項中運作，而任何的表態項都可附加於描述項之後，則一組論證的對確與否，只涉及描述項的內容，但赫爾提出的兩推理規則 ((P₃)及(P₅))，所涉及的是整句語句的語態，及不同語態的語句間的關係。故此出現了以下的問題:

(1)只在描述項對確，而在整組語句來說不對確的推論，是否可能?

如:

$$\begin{array}{ll} p \to q & 是 \\ \underline{p} & \underline{是} \\ q & 請 \end{array}$$

卽觸犯了(P₃)。

(2)整組語句的推論對確而描述項間的推論不對確的情況,是否可能?

如:

$$\begin{array}{ll} p \to q & 請 \\ \underline{\sim p} & \underline{是} \\ \sim q & 請 \end{array}$$

中的描述項間的推論是不對確的。

吞保爾認爲，如果赫爾堅持兩種推論 (語句間與描述項間) 是截然不同的話，那麼，上述兩情況都有可能出現，而產生在同一推論中旣是對確也不對確的結果; 否則，赫爾必須承認兩種推論間有某種關係，如: 假若描述項間的推論不對確，則語句間的推論不能對確。然而,這樣的話,便不能說推論只在描述項中進行了。

總括來說，對赫爾指令論的批評主要來自兩方面 (本節只選取其中

---

❽ Robert G. Turnbull, 'A Note on Mr. Hare's "Logic of Imperatives", *Philosophical Studies,* (1954).

重要的來討論），一是對於「應然語句涵衍令式」的懷疑（包括應然語句、令式與許可語句間關係的討論），另一則是對於「將語句分析成描述項與表態項」（包括令式邏輯與述式邏輯同構）的反對；從上面的討論看來，赫爾基本上能擊退前者，但面對後者，赫爾的解說實在不夠詳盡，所以展示出很多漏洞，其中有些能够補救，有些則不能（如(P_5)），但無論如何，就算這分析不成立，也不妨礙維持指令論的根本原理的。

赫爾建立他的指令論，除了提出「應然語句涵衍令式」這理論之外，他還分析「好」、「對」及「應該」等評價字詞的涵義，來作為「道德判斷是指令的」的支持。

赫爾認為，「好」等字的基本涵義 (primary meaning) 在於「讚許」 (commendation)，而關於「好」字的應用準則的描述涵義，只是「好」的次要涵義 (secondary meaning)。在「描述主義的論證」與「自然主義的謬誤」兩節內，都曾述及赫爾這方面的論點。簡要言之，就是：「好」是主要用來讚許事物Ｃ的，至於值得讚許的理由，乃在於Ｃ的某些性質，因為Ｃ有那些性質，故我們稱之為「好」，這是我們賦予Ｃ的「好」的準則，亦是「好的Ｃ」的描述涵義，但絕不能由此認為「具有該等性質」這描述涵義涵衍「好」這評價，換句話說，不能以評價化約為對於事物具備某些性質的描述。「好的Ｃ」的描述涵義或評價的理由與評價的關係，不是邏輯上的涵衍關係，而是一種附隨關係 (supervenience)[81]。所謂附隨關係，就是：

(1)若說具有某些描述特性的東西是好，但對於在相干方面相似於該東西的東西不是好，則是邏輯上不可能的。

(2)從Ｃ具有某些描述特性的事實不能涵衍「Ｃ是好的」的評價。

---

[81] *The Language of Morals,* op. cit., p. 145.

評價字詞如「好」的基本涵義是讚許，而描述涵義只屬次要的涵義，赫爾給出如下的理由：

(1)讚許（評價）涵義對於每一類事物都是固定的，但描述涵義則可隨事物的類別而改變。

(2)我們可以用評價字詞的評價力量來改變任一類事物的描述涵義，即是說，我們可修正事物的評價準則，這是道德改良者所作的❷。

評價標準的改變，使得語言亦隨之而變，語言受影響的方式有二：一是維持評價字詞的評價涵義，而只變更其描述涵義、即訂定一新的評價標準，另一則是將評價字詞的評價涵義抽出，而只剩下描述涵義，此時該等評價字詞再不是用作評價，而是用作傳遞資料（關於事物具備某些性質的資料），赫爾稱這些評價字詞為「次等評價字詞」。我們使用次等評價字詞的時候，是隨俗地使用，或者加括號地使用(in a inverted commas' way)──用以諷刺。所以對次等評價字詞而言，評價涵義淪為次要涵義，而描述涵義反躍升為基本涵義了。

尼高爾（James W. Nickel）認為赫爾所提供關於評價涵義是「好」等字的基本涵義的理由，並不成立❸。首先，「可以用評價字詞的評價力量改變任一類事物的描述涵義，而因此說評價涵義是這些字詞的基本涵義」這論證，尼爾高指出，對於分明沒有評價或指令涵義的「大」字來說，亦可以隨時變更其描述涵義，但「大」字的基本涵義是描述涵義，那麼，既然「好」字在這方面類比於「大」字，可隨時變更描述涵義，則為何描述涵義不是「好」的基本涵義呢？

根據赫爾的理論，他是同意「好」字的描述涵義與其他形容詞如「大」字的描述涵義，是沒有甚麼不同的，但不能由此肯定「好」字的基

---

❷ 同上，Ch. 7.

❸ James W. Nickel, 'Hare's Argument from Linguistic Change' *Ethics*, (1969).

本涵義與「大」字一樣，同是描述涵義；因爲「好」字，作爲評價字詞，除了描述涵義外，更有讚許的涵義，這就是描述字詞與評價字詞不同的地方。赫爾假設我們對這點沒有異議，而只給予「讚許的涵義（評價涵義）是基本，而描述涵義是次要」的理由罷了。「好」字的描述涵義可以改變，而其評價涵義則無論對於何種事物、或何種應用標準來說，都是固定不移的，由此說評價涵義是基本涵義。

此外，從將「好」字應用於未有現成價值標準的事物的可能性，亦可推論出「好」的基本涵義在評價方面，這卽是說，雖然不知道好的準則，而仍然可以用「好」這字，證明好的基本涵義在評價。關於這點，尼爾高也提出質疑。他認爲若使用「好」字來形容事物，而不知道甚麼可看成是贊同意見，甚麼可看成是反對意見，那麼，便不是完全明白該句子中「好」的涵義。

關於這點，赫爾可申辯如下：當我們用「好」字來形容事物 C 時，除了表示我們的讚許態度外，我們事實上也訂出了「好的 C」的準則，所以，怎樣才是贊同我們，怎樣是反對我們，是不會不知道的。然而這些準則，不是現成固有的，我們可以自己訂定，因此在使用「好」字於新事物 C 之前，可能無人知道「好的 C」的準則，但我們仍可使用「好」字，表示它本身已有關於準則以外的涵義（評價涵義），一旦使用「好」字，便附隨着使用「好」字的理由，那時，要完全了解我們說「好的 C」的涵義，便須了解我們的讚許態度，以及上述的理由了。如此，「好」字包含評價和描述涵義，而以前者爲基本。

2. 道德判斷的普遍化可能性

「以同樣的態度對待同樣的事情」很多時被視爲「公正的」（impartial）或「公平的」（fair）原則，這表示態度的一貫（consistent），

沒有人爲的偏袒因素，亦卽一視同仁，但若將此態度看成限於對「一貫性」的要求，那麼這只是「合理性」（rationality）的標誌，適用於任何領域的實踐上，而不單對道德而然。如此，它不是道德原則的充份條件，只是必要條件。它也不能表現普遍化可能性（universalizability）的全幅內容。多羅西・埃米特（Dorothy Emmet）在＜普遍化可能性與道德判斷＞❽一文中指出此點，並認爲這種態度與利己主義（Egoism）相容，因爲「任何人在與此相似的情況下都要爲我服務」這利己主義原則，是符合「以同樣的態度對待同樣的事物」原則的。

埃米特順着赫爾的看法❿，提出假若普遍化可能性是作爲道德原則的準則的話，它必須要求道德原則中排除任何專有名稱（proper name）如「張三」、「你」、「我」、「這裏」等，若一原則包含有專有名稱，必須以由普通名稱（common name）構成的描述加以取代（如以「在考試期間生病的考生」代替「張三」），才能成爲道德原則。然而，由於普遍化只是道德原則的形式要求，對原則的實質內容沒有限定，所以在這要求下的道德原則是與相對主義相容的，例如，對於某地的習俗來說，「所有黑人都應該服從神甫」，無可置疑地，是普遍化的原則。甚至，利己主義在這樣的普遍化下，亦可保持，因爲如上述「任何人在與此相同的情況下，都要爲我服務」這原則中的專有名稱「此」、「我」等，都可用普通名稱的描述取代，而不變更其指謂，譬如說，用「在××年×月×日×時×分×秒於××出生的中國人」（還可以加上其他的形容，使所指謂的人就是「我」）來取代「我」便成，或者以「靴形的國家」代替「義大利」。但顯然利己主義原則稱不上公正的道德判斷。

---

❽　Dorothy Emmet, 'Universalizability and Moral Judgement', *Philosophical Quarterly*, (1963).

❿　見 R. M. Hare, 'Universalizability', *Proceedings of the Aristotelian Society*, (1954–55).

　　埃米特認為上述的人為偏袒成份是可以消除的，只要我們用「相干性」來描劃「以同樣的態度對待同樣的事情」一原則。原則中「同樣的事情」應理解為「在相干方面相同或相似的事情」。例如「白種人應該獲得較優的待遇」是以種族膚色作為原則的相干因素，因為它表示，在膚色方面（而非其他方面如智力、才能等）相似於白種人的人，都應得到相似的待遇（較優的待遇），而在該方面不似白種人的人，則應得不同的對待。以相干性形構的普遍化可能性，要求人們當以不同的態度對待看來相似的事情時，必須解釋有什麼相干的因子介入，從而令到態度改變，但這要求本身，容許任何事物的性質都可作為相干的因素，於是種族主義者以種族膚色為相干，而歧視不同種族的人；利己主義者以人我之別為相干，用以證立其自私的行徑，這些做法，在對相干性沒有確定的限制下的普遍化來說，是合法的。然而，若指定什麼因素對某道德判斷來說是相干的，那麼，這規限本身已是一有實質內容的道德原則，而包含相干性的普遍化要求再也不是純粹關於一貫性的形式要求了。

　　面對「如何決定相干性？」或「給予道德原則甚麼樣的限制，才能使它們成為公正的原則？」等問題，出現了「理想的觀察者」（Ideal Observer）的理論。根據埃米特，這理論為佛思（Firth）與布倫特（R.Brandt）提出❽。佛思將「理想的觀察者」定義為知道所有事實、見到所有可供選擇的可能行為的後果，且是公正的，不為個別利益所影響的人。這樣的觀察者所作的判斷，必定是公正的。佛思稱，他不必真正存在，我們只需在作判斷時考慮：「理想的觀察者在此情況下會怎樣作呢？」便可。但埃米特指出，在實踐上，我們既不具有這些特質，也

---

❽　根據 Emmet, 他們的見解見 *The Journal of Philosophy and Phenom-enological Research*, (1955), 而有關布倫特的看法也可參考他的書 *Hopi Ethics*, (University of Chicago Press, 1954) 及 *Ethical Theory*, (Englewood Cliffs, N. J., Prentice-Hall, 1959).

不知道具有這些特質的人會如何作，那麼，我們如何根據理想觀察者的判斷來判斷呢？布倫特則認為，這名觀察者不需全知，只要他正確地相信所有與他行為有關的事實，並且在相干方面相似的情況下作相同的行為便可以。他說，這是實際的觀察者可以做到的，只要他擁有對於相干事實的正確信念，並非生病、不在身體的疲乏或興奮狀態，也不沮喪，且對人類有一強烈的愛護之情，而對特殊的團體沒有偏見。但同樣，在實踐上，我們亦很難得知誰滿足這些要求而成為理想的觀察者。

總括上述來說，為使道德合乎理性，於是正如對一般的定言述式一樣，設有一貫性的要求。但我們發覺，此一貫性的要求容許利己主義的存在，而進一步為了建立公正的道德原則，便企圖給予一些形式的限制，例如不准許專有名稱出現在原則內。然而這亦不能排除利己主義與相對主義。但是，對相干性加以限定，或借理想的觀察者來決定相干性，務使道德原則必須公正，已超出了對道德原則作形式上界定的範圍，而涉及實質的道德判斷。

現在讓我們看看，赫爾提出的普遍化可能性，是否能夠避免上述的困難。

赫爾認為，道德判斷是指令語言的一種，所以道德判斷涵衍最少一令式，而「令式」與「述式」同具有描述項，因而都具有描述涵義（descriptive meaning）。因為邏輯只在描述項中運作，故令式的邏輯與述式的邏輯同構[37]。如此，可以說，道德判斷中含有的描述涵義，使得判斷亦須遵守述式的邏輯規律；譬如說，肯定「這東西是圓的」，並且肯定「另一在形狀方面相似於該東西的東西不是圓的」，便是自相矛盾，同樣，說「在 C 情況下應該做 A」，但說「在一相似於C的情況下不應該做 A」，也是自相矛盾。對於不一貫的述式，我們不能同時肯

---

[37] 參考 *The Language of Morals*, op. cit.

定，對於不一貫的指令或道德判斷，我們也不能同時接受，而這都是基於我們的語言直覺(Linguistic Intuition) ⑱。道德字詞所含的描述涵義，就是應用該字詞的準則，這些字詞必須應用於相似的情況，此乃普遍化可能性的要求。簡言之，由於道德字詞含有描述涵義，因而具普遍化可能性這邏輯特性，所以對道德判斷所作的普遍化要求，只是一種邏輯的要求⑲，並不涉及判斷的內容。如此，違背普遍化的要求，只是邏輯上的錯誤，而非道德的錯誤。「如果一個人說：『我應這樣做，但無人在相干地相似的環境下應這樣做。』那麼，根據我的學說，他是誤用了『應該』這個詞，他是自相矛盾的。」⑳

　　道德原則既是普遍化的，所以不能包含專有名稱，若出現專有名稱，便須將它們轉爲普遍的描述字詞，例如：「應該讓張三參加補考。」須轉爲「應該讓在考試期間生病的考生參加補考。」爲求精確，更可增添普遍的描述，使實踐該道德原則的條件趨於特定 (specific)。最精確的做法，是將「像」字加於專有名稱之前，那麼，便可以將包含專有名稱的單稱道德判斷普遍化了。如上例中，「應該讓張三參加補考」的道德判斷，若改寫成：「應該讓所有像張三情況的人參加補考。」如此，雖然後一判斷中保留了專有名稱，也是已經普遍化的。

　　但問題於此出現。雖然無論如何特定的句子，也可能普遍化，但道德原則愈趨特定，實際上能符合該條件的情況的可能性愈趨於零，因而可造成偏私。因爲若要求在各方面都像張三的人，才能有參加補考的資格，那人在現實上是不存在的。

---

⑱　見 *Moral Thinking: Its Levels, Method and Point*, op. cit., Ch. 1.
⑲　根據赫爾，從字詞的涵義或邏輯所產生的要求就是邏輯的要求。見 R. M. Hare, *Freedom and Reason*, (Oxford University Press, 1963).
⑳　*Freedom and Reason*, op. cit., p. 32.

於此涉及相干性的問題——我們只要求在相干方面相似於張三便可參加補考。但是，如何規定相干性，才能限制道德判斷免於偏私，同時又不牽涉實質的道德內容呢？

赫爾提出了角色互換的假設情況 (reversed-role hypothetical case)。他的意思是，我們可以把相干性定在任何地方，只要我們想像自己，處身於受判斷約束（或指令）的人的地位時，是否能夠接受該判斷。同樣，在一關係自己及他人的事件中，我們須想像自己與他人的角色互換，之後能否接受原來的判斷。假設的情況在普遍的描述特性方面完全等同於實際的情況，只在人物所處的角色方面有所不同，判斷中的人物乃以專有名稱表示；而容許該角色為任何其他人代入，卽是已將專有名稱普遍化。假設的情況是極端特定的情況，在現實上可能永不發生，但在作一道德判斷時，同時接受假設情況下的該判斷，便已將道德判斷普遍化，亦卽是，滿足了道德判斷普遍化的要求。由此可見，普遍化的要求沒有實質的道德見解滲雜其中，所以是純形式的要求，又由於這要求乃基於道德字詞的描述涵義，所以是一邏輯要求。而普遍化可能性與指令性一樣，乃是道德判斷的邏輯特性。

在普遍化的要求下，排除了利己主義或其他自私的道德原則，因為經普遍化的道德原則（卽眞正的道德原則），是公正不阿的。換句話說，所有符合邏輯地使用道德字詞的人，所作的道德判斷都是公正的（除非對有關的事實認識錯了）。

也許有人會提出反對，認為假設事件的確在普遍特性方面有一點不同於眞實事件，就是，假設事件並非眞實的，所以，我們不一定要等同地對待假設事件與眞實事件。赫爾答覆說⑨，這涉及「存在」是否一性

---

⑨ *Moral Thinking*, op. cit., pp. 114–116.

質這形上學問題，雖然如此，他認爲可以一測驗試出這說法的不能接受的地方。如果我們說：「他應該做這事。」但又說：「無人在像他那樣的情況下應該做這事。」而所給出的理由是，前者是眞實的事件，而後者是假設事件，那麼，這造成一種邏輯上不可理解 (logical incomprehension)的情況，一如假若我們給出的理由是，因爲前一判斷在星期五作出，而後一判斷則否，我們同樣會感到不可理解。而對邏輯的不可理解的感受，是建基於我們的語言直覺的。

麥吉同意赫爾有關普遍化的概念，但他聲稱,將一道德判斷普遍化，在某一程度上是一道德要求，而非邏輯要求❷。他將普遍化分爲三個階段。在第一階段，是將單純數量上的分別（numerical difference）視作不相干，卽將一個體與另一個體不是完全合一的事實，不作爲產生不同判斷的根據。但在此階段中，人們仍可認取一些普遍的指令，偏袒自己或與他們相似的人。要道德原則公平，便須進入普遍化的第二階段。第二階段要求人們想像自己處於他人地位，並自問是否能接受該原則。在此階段，人們雖然排除了在能力、社會地位、特殊利益等方面成爲產生不同判斷的相干因素，但不同的理想、品味、取捨（preference）、慾望等仍可左右判斷的公正。例如，當我作是否應該幫助窮人的考慮時，我雖然想像自己是一貧窮的人，然而我的性格及取捨，使我寧願忍受貧困，也拒絕接受幫助，而因此作出「無人應該幫助窮人」的判斷；但事實是，很多窮人都同意「應該幫助窮人」這原則的。只要我放棄自己本身的取捨或理想，而想像自己處於他人地位，同時具有他們的意願、取捨、慾望等，便會作出與窮人相同的判斷——這便是普遍化的第三階段。麥吉聲稱：「最多是第一階段——卽將單純的數量上的分別視爲在

---

❷ J. L. Mackie, *Ethics: Inventing Right and Wrong*, (Penguin Books Ltd., 1977), Ch. 4.

道德上是不相干的而排除掉──乃根植於道德語言的涵義中，關於第二階段的邏輯學說是較富爭論性的，而關於第三階段的則顯然錯誤。」⑨

　　赫爾重申，雖然以普遍化可能性這邏輯特性來發展道德推理的理論時，有一漸進的程序，但其實這程序只包含一步，就是從我以自己的經驗接受某指令，到根據我若處他人地位，其他人取捨時所有的經驗，我亦必須接受該指令。而普遍化道德判斷只有一意含，就是道德判斷涵衍對關於在普遍特性方面等同的所有事件所作的等同判斷⑨。在角色互換的假設事件中，所有普遍特性是與真實事件相同的，因此我們考慮在假設事件中，是否能接受相同的判斷時，必須得到所有有關事實的資料，而這包括事件中主體的理想、取捨等，暫時認取他的取捨，才能徹底設身處地，亦方能真正想像假設中各方面的情況，所以第三階段的做法，是普遍化道德判斷所必須的。換句話說，三階段都同為普遍化學說所涵衍，故同為邏輯要求。

　　雖然普遍化可能性與指令性同為道德判斷的邏輯特性，但它們亦為一般的評價判斷所具有，故不足以突顯道德判斷的特徵。分判道德判斷與一般的評價判斷（如美學判斷）的因素是　「凌駕性」（overriding-ness）。假如視一原則是凌駕的，則不可能以任何理由（道德的或非道德的）來加以揚棄。如此，只當我們將一判斷視作凌駕的普遍指令時，我們才將該判斷視為道德判斷。

---

⑨　同上，pp. 97-98.

⑨　*Moral Thinking*, op. cit., p. 108.

B. 普遍指令論所引申的效益主義

1. 現代效益主義

赫爾認爲指令性與普遍化可能性是道德語言的邏輯特性，因此包含道德字詞的道德判斷或原則必須滿足指令的及普遍化的二項邏輯要求，亦卽在作一判斷時，必須在角色互換的假設事件中作相同的判斷，並且準備在適當時機，實行判斷所指令的行爲。然而這只是形式的要求，根據赫爾的學說，要作理性的判斷，除了遵守邏輯外，還要尊重事實⑨。赫爾聲稱：「在作道德判斷時，我們是因爲行爲或個人具有一些令他們成爲對或錯、好或壞的性質，而去讚許或指責他們；因此不去肯定他們事實上是否具有這些性質而作出判斷，明顯地是不理性的。」⑨所謂事實，包括了個人的取捨（preference），以及在假設事件中他人的取捨，亦卽是所有受判斷影響的人的取捨。我們考慮受判斷影響的人的取捨，亦卽考慮判斷的後果，如此，赫爾的道德理論可算是後果主義（Conse-quentialism）的一種。更由於赫爾主張，在權衡個人的及他人的取捨之後，正確的判斷必須是能獲得取捨的最大滿足的，所以，他的道德理論更是一種取捨滿足的效益主義（Preference-Satisfaction Utilitaria-nism）⑨。明顯地，由於普遍化可能性的要求，赫爾的效益主義符合了傳統效益主義的「每人只能作一人算，無人能多於一人」（everybody to count for one, nobody for more than one）的公正精神，使得無人能享有特權。

---

⑨ *Moral Thinking*, op. cit., pp, 87-88, 101, 214-215.

⑨ 同上，p. 88.

⑨ Utilitarianism 通譯作「功利主義」，但因「功利」已成爲有評價涵義的詞語，故不宜在分析批判該理論之前，用帶有評價意味的名稱。特改譯爲「效益主義」，此乃參照石元康先生的譯法。

　　取捨滿足的效益主義原則，就是任何的道德判斷必須導致受影響的人的取捨之最大滿足（這可稱為效益原則 Principle of Utility），但這原則依然是一形式的原則，直至作實際的判斷時，代入受影響的人的具體取捨，才成為實質的（substantial）道德判斷。這裏涉及如何較量受判斷影響等人的取捨之問題(the problem of interpersonal comparision)。沒有完善的方法來比較人與人間取捨的大小，一直被視為效益主義的致命傷。赫爾提出，可以取捨的強度（degrees or strengths of preferences)來決定滿足的大小。在關係到我與另一人的二人事件(bilateral case）中，我須想像他人取捨的強度，並以之與自己取捨的強度比較，一如當我們選擇二不同事物時，所作的個人內部取捨的比較一樣。這種做法，是將人際間的比較（interpersonal comparision)，化約為個人內部的比較（intrapersonal comparison），而可輕易作到。處理超過二人的衆人事件時（multilateral case）時，我們亦可輪流想像各人取捨的強度，來作比較，便可得出應如何作的結論。

　　在日常生活中，當我們遇到道德衝突（moral conflict）的事件時——即，根據一原則，我們應該做某事，但根據另一原則，我們不應做該事——我們也可利用效益原則來解決。於是，我們可得出，那一原則才是在該特殊處境中正確的，或者，得出原有二原則外的另一較特定（specific）的原則。然而，我們不能在任何時刻都利用效益原則來權衡事件，然後作判斷，因為在一些突發及緊急的事件中，並不容許我們作詳細的考慮及計算，此外，有些人可能在作這種判斷方面的能力不足。所以，我們需要有一些一般的（general）原則或規則，應用於日常生活中；這些原則必須在正常的情況下，若得到遵守，通常使人們獲得取捨的最大滿足的。

　　於此，赫爾將道德思維分為兩個層面。一是批判思維層（critical

thinking level)，另一是直覺思維層 (intuitive thinking level)。在批判思維層中，我們利用效益原則，對事件作判斷，由此可解決道德衝突的問題。由於是針對具體事件而作出判斷，所以在批判層中的原則都是要多特定就多特定，雖然，它們仍是普遍的。此外，在批判層，我們會依效益原則揀取，在像目前這樣的世界上 (in the world as it is)，通常會產生最好的結果的一組原則，這些原則稱為初步原則 (prima facie principle)，它們相當於在實際事件中，假若我們能夠運用效益原則作判斷的話，所認取的原則。在直覺層，我們所應該做的，就是遵守在批判層中選取的初步原則，如「不可說謊」、「必須守諾」等。初步原則是較一般的，所以適用的範圍較廣，且較簡單，方便人們學習；以初步原則敎育孩子，可使某些直覺及傾向在他們的性格中根深蒂固，長大後不易為了一己的利益而藉詞放棄應該遵守的原則。但是，初步原則也不能太過一般，否則，會很容易互相衝突；而其一般性的程度，部分決定於當時社會上的人所能掌握原則的水平。另一方面，初步原則不是自明或自我證立的，將它們置於批判層中，藉着效益原則，才能得到證立（得到證立與否，決定於它們在一般情況下，是否符合效益原則）。況且，它們只適用於像現今這樣的世界的一般情況，遇到不尋常的場合，可能便會出現初步原則互相衝突的情形，屆時須提升至批判層來予以消解。

在直覺層，有兩種方法，可以用來消解道德衝突，但都不大可行。其中之一就是，將初步原則排成序列 (hierarchy)，當遇到兩原則衝突時，便揚棄較低序列的原則，而堅持較高序列的原則。例如，假若在序列中，「不可殺人」比「不可說謊」處在較高序，那麼，在不能同時遵守二者的特殊情形下，便寧願藉說謊來避免殺人。但事實上，要把所有初步原則排成永遠適用（在任何情況下都是遵守高序列比遵守低序列的有效益）的單一序列，是不可能的。另一消解道德衝突的方法是，不斷

將遇到衝突的初步原則，予以修正，使其減少發生衝突的情況。例如以上例來說，就是將「不可說謊」加以修正，成為「不可說謊，除非說謊能避免殺人」，於是，在上述的衝突情況下，修正後的原則亦適用而毋須放棄。然而這種修正的方法，會使初步原則愈來愈特定，且愈來愈繁複，終致過份繁複而令人不易記憶或學習，且最後仍不能保證不會遇上極特殊的事件，使得修正後的原則仍與其他原則衝突。

初步原則在直覺層中互相衝突時，我們可運用批判思維，使最少其中一原則受到凌駕。但在上節中，我們談到，道德原則的其中一特性就是凌駕性，那麼，在直覺層中被凌駕的初步原則，可否仍稱為道德原則呢？為了回答這問題，赫爾將道德原則分成兩類❸，第一類是不容許被凌駕的普遍化指令，亦被稱作批判的道德原則，第二類就是由批判思維選取的初步原則，這些原則雖容許被凌駕，但人們可以根據批判思維來加以證立。赫爾為了免使 從來只在直覺層中 思維的人 所持有的初步原則，都變成不是道德原則，特別訂出二條件，只要一原則滿足它們中之一，便可說該原則對於那些人來說，是道德原則，兩條件如下：(1)他們將討論中的原則視為凌駕的（縱使遇上衝突時，便會放棄）；(2)如果規定他們作一點批判思維（無論如何拙樸的），他們便會以一較高的視為凌駕的原則來證立討論中的原則。至於初步原則，概括地說，是容許例外的，即是，一方面准許在特殊事件中違背它們，另一方面又繼續保存它們。它們是普遍的：不包含個體常數，且以一全稱量詞作開頭；但亦可說，它們不是普遍的——不受普遍的制約。

從上述可見，在批判層，我們可根據特殊事件的需要，形構特定的道德原則，這些原則因為是普遍化的，所以必須同時適用於假設事件，它們因此具規範的力量。而在直覺層，我們應用批判思維所選取的初步

❸ *Moral Thinking*, op. cit., pp.60-61.

原則，已蘊含道德的相干性。至於何時要用批判思維，何時要用直覺思維呢？可以這樣說，在一般的情況下，我們可用直覺思維，而在道德衝突、或情況特殊、或對於初步原則產生疑問、需要得到證立的情況下，便須運用批判思維了。

　　由於在批判思維中，是運用效益原則來作判斷的準則的，而效益原則又是公正的原則，作判斷的人都須想像自己處身受影響的人的地位，具他們的取捨，然後衡量取捨的強度，因此在批判層中關於一行為的道德判斷，無論是誰作出，結果都是相同的。但這預設我們有一種超人的知識、超人的思考力，且沒有人類的弱點，才能真正了解行為的後果、對他人的影響，並大公無私地作判斷。具備這些條件非普通人可能，而是理想的觀察者、理想的指令者、或天使長（archangel）才擁有這些特質。而身為天使長，因具備了上述的能力，所以只作批判思維，而不作直覺思維。這裏，「理想的觀察者」或「天使長」的概念，並不是作為正確判斷的準則，也非借助它們來界定正確的判斷，因為正確判斷是以效益原則作依據的。「天使長」只是一假設的人物，藉以說明批判思維的極致⑨。當我們在批判層中作判斷時，便必須要求自己盡量符合天使長的特質。如此，不以「天使長」來界定正確的判斷，避免了描述主義的謬誤。

　　但若如上述，任何人對於一行為所作的批判思維的結果是相同的話，那麼，可以說，關於人的欲望及取捨等事實，及關於自己及他人的實際與假設的指令的事實，便涵衍道德判斷，於是仍不能擺脫描述主義。舉例來說，當一名納粹黨人在作「應該消滅所有猶太人」的判斷時，依

---

⑨　同上，p. 122.「當在批判層中選取初步原則時，程序的第一步只需藉假設事件而進行——我們必須在假設事件中同時接受那判斷，而此時我們可假定擁有（關於他人的）足夠知識；只在第二步程序，即去計算在真實世界中，事件發生的可能性時，才需要天使長的超級知識。」

普遍化的要求，必須想像自己置身於猶太人的地位，具備他們的取捨，而將這些取捨與自己原初的取捨比較，他會發覺，自己寧願消滅猶太人的取捨，比猶太人不願被消滅的取捨（當假設自己身為猶太人時的取捨）弱得多，於是他必須作出「不應消滅猶太人」的判斷。如此，該判斷可說為關於猶太人的取捨及納粹黨人的取捨的事實所涵衍，因而可說道德判斷只具描述涵義。但赫爾辯護說，關於人類的欲望及取捨並不是固定的資料（data），因為可能有一些狂熱分子（fanatics），設想自己處於猶太人的地位後，仍會說：「就算我是猶太人，我還是寧願猶太人被消滅」，這是因為他以自己的理想（如純化德國人血統）視為甚於自己的生命，在此情況下，得到的判斷與上述的相反⑩。所以，道德判斷不為既定的事實（如人皆欲免除痛苦等）所涵衍（因沒有所有人都同意的既定事實）。但上述的狂熱分子，只是一種邏輯上的可能，在現實上是不存在的，赫爾稱之為純粹的狂熱分子（pure fanatics）。此外有另一種不純粹的狂熱分子（impure fanatics），他們固執於直覺，而不能或拒絕作批判思維。這不是直覺的內容有問題，而是他們對直覺的態度有問題，因而為了個人的理想或維護某些直覺的原則，不惜犧牲自己或他人的利益。然而，這些不純的狂熱分子，假使能作批判思維，把自己真正置於他人地位，想像他人的取捨與感受，他們是不可能得出與別人不同的判斷的。正如赫爾說的，對於任何人要成為狂熱分子（純粹的），並沒有邏輯上的禁制，因為任何人想實現其理想的欲望強度，是沒有邏輯限制的⑩。而純粹狂熱分子存在的邏輯的可能性，已足以使赫爾的倫理學說，免於陷入描述主義了。

---

⑩　雖然所得的判斷與別不同，但亦符合效益原則。

⑩　'Wrongness and Harm', op. cit., p. 109.

此外，還有一途徑，可以使赫爾的學說，逃避成爲描述主義的，那就是非道德主義者（amoralist）的存在。非道德主義者除了作一些道德中立（morally indifferent）的判斷外，從不作任何普遍指令，他可以承認所有事實，但不同意某道德結論，原因是他根本不作道德判斷。

赫爾主張的效益主義不單是他的普遍指令論與效益主義結合的產物，依他說，效益主義更是由普遍化我們的指令的要求而生❿。換句話說，他分析道德語言所建立的倫理學理論，產生了效益主義這道德學說。所以他的效益主義與傳統效益主義明顯不同的地方，就是前者爲道德語言的倫理分析所支持，如此，讓我們將它與傳統效益主義分辨開，而姑名之爲「現代效益主義」（Contemporary Utilitarianism）。爲了清楚現代效益主義的觀點，首先我們要弄明白，它屬於效益主義的兩大系——行爲效益主義與規則效益主義（Act-Utilitarianism and Rule-Utilitarianism）——中的那一系呢？

行爲效益主義主張以效益原則應用於個別的行爲，即依據個別行爲的最大效益而處事。規則效益主義則主張以行爲是否爲規則所容許或禁止而處事，所謂規則，就是那些若得到遵守，便能導致最大效益的規則。哈辛夷（J. Harsanyi）認爲分辨兩種效益主義的重點在於：一名行爲效益主義者假定了其他道德主體的策略是已知的，而他的工作只是當所有其他策略不變時，選擇自己的策略，使之能導致最大的社會效益而已。另一方面，一名規則效益主義者不單顧慮本身的策略，同時視其他規則效益主義者的策略爲變數，而計算最大的社會效益。在此分辨之下，哈辛夷認爲規則效益主義在處理大眾事務方面，較爲優越。同時，規則效益主義亦考慮持有其他不同道德規則的人的期望，這點是規則效

---

❿ *Moral Thinking*, op. cit., pp. 111-4.

益主義優勝的主要方面⑩。

　　舉例來說，在考慮應否守諾時，行爲效益主義者將不守諾在社會上所產生的不良影響，只局限於個別的失信行爲帶來的後果。一次的失信雖然減低人際間的信任，但影響是很微小的。相反地，規則效益主義者同時會考慮經常的毁諾所帶來的後果，並且考慮若認取一准許輕易失信的道德規則的話的邏輯蘊涵。換句話說，規則效益主義者會問：「如果人人都這樣作的話，會變成怎樣？」

　　行爲效益主義者常受指責，因爲「它蘊涵：如果你僱用一男孩爲你剪草，他做完工作後向你索取酬勞，你應該支付你所應允的與他，只當你想不出更好地利用這筆錢的途徑；它蘊涵：當你把每月的入息帶回家中，你應該把它用於維持你及家庭的生活上，只當它不能更有效地用於供給他人的需要方面。」⑩但在赫爾看來，這指責只是混淆了普遍性與一般性；這混淆導致一結論：行爲效益主義因是特定的，故必須和普遍性相反的單一性（singularity）緊扣在一起，因而只考慮該特定事件的後果，而不考慮該事件是否能獲得普遍的接受。其實，普遍與特定是相容的，單一才與普遍相反（一般也與特定相反）。

　　行爲效益主義既是一道德原則，必須通過普遍化的考驗，而後者勒令我們在相似的事件中作相同的判斷。因此，行爲效益主義者雖然不詢問：「如果人人都這樣作的話，會變成怎樣？」但他會問：「假若我是他們（其他人），具他們的取捨，我會不會指令這事發生在我身上呢？」

---

⑩　J. Harsanyi, 'Morality and the Theory of Rational Behaviour', A. Sen & B. Williams, (eds.), *Utilitarianism and Beyond*, (Cambridge U. Press, 1982).

⑩　R. Brandt, 'Toward a Credible Form of Utilitarianism', H. Castañeda & G. Nakhnikian (eds.), *Morality and the Language of Conduct*, (Wayne State U. Press, 1963), reprinted in M. Bayles (ed.), *Contemporary Utilitarianism*, (Anchor Books, 1968), pp. 146-7.

如此，行爲效益主義不單考慮「如果人人都這樣作的話」這條件語態下所該作的，他甚至確切地指令每人在相同的情況下作相同的事。於是，其他人的期望也在考慮之列了。

　　然而，一些程度上較爲特定而具有或多或少的實質內容的規則確實有一定功能，那是行爲效益主義原則所不能發揮的；這亦是初步原則不能泯滅的理由。符合「不要說謊」、「必須守諾」等規則一般而言能導致最佳的結果，況且我們不是經常有時間算出行爲的每項損益，有時這些考慮帶來的益處還抵不過浪費時間於計算上所帶來的惡果。加之，接受和遵守這些規則會避免個人的偏見，這些偏見往往妨礙了道德主體作正確的效益主義推理。

　　究竟赫爾的現代效益主義屬於那一種效益主義呢？對於提出二層思維的赫爾來說，答案是簡單不過的。在批判層，現代效主益義扮演行爲效益主義的角色——以效益原則來選取初步原則及調解道德衝突。這樣的行爲效益主義亦是規則效益主義的一種——即那容許其規則無限制地特定的規則效益主義——所以在效果上與規則效益主義無別。另一方面，在直覺層，一般的初步原則是以規則效益主義原則的形式而運作的，它們爲現代效益主義所容許，並且在批判層中得到證立。這樣看來，直覺層與批判層的劃分緩和了規則效益主義與行爲效益主義之間的對立。

　　我們已指出，現代效益主義乃將人的取捨看作道德地相干，但另外有一些效益主義，是以人的快樂或內在價值等爲道德地相干的（對於那些理論，人們的利益是藉着快樂或內在價值來界定），而有所謂「快樂效益主義」或「內在價值之滿足的效益主義」。現在讓我們看看，取捨滿足的效益主義有甚麼可取的地方。這是關於效益主義的質料（material）的討論。

　　大多時，當人的慾望滿足了，他便感到快樂（狹義的），反之亦

然。但有時人渴望一些東西並不是爲了達到本身快樂的目的（雖然得到該東西亦自然快樂）。由於人可以欲求一些快樂以外的東西，故只有當「快樂」（廣義的）被界定爲「意識的較可取狀態」時，取捨滿足的效益主義才會變成快樂主義。我們可以看出，取捨滿足的效益主義可以避免將一切價值化約爲一的指控，而快樂（狹義的）的效益主義則不能 。

除此之外，另一選擇取捨滿足的效益主義的理由在於：當人的利益受損，只要他不覺察，他是不會不快樂的，如此在快樂的效益主義下，他的利益並沒有減少；但是，在取捨滿足的效益主義看來，若他受到不良的待遇，縱使他不知道，他的利益卻已被損害了，因爲一些他不希望發生的事發生了，所以，取捨滿足的效益主義是一種將這種利益受損都加以考慮的理論。

雖然如此，取捨滿足效益主義亦有困難。例如，如何在目前的欲望與將來的 欲望間作適當 的衡量。 由於滿足當下的欲望不一定對將來有益，所以這問題牽涉另一問題：甚麼才算人的眞正利益，假若他們是爲自己將來着想（prudent）的話？

設寧願甚麼在目前發生的目前取捨稱爲「目前爲目前的取捨」(now-for-now preference)，寧願甚麼在屆時發生的目前取捨爲「目前爲屆時的取捨」(now-for-then preference)，寧願甚麼在屆時發生的屆時取捨爲「屆時爲屆時的取捨」(then-for-then preference)，赫爾認爲，一爲自己將來着想的人應該「覓取他的『目前爲目前』與『目前爲屆時』的取捨的最大滿足，並且在關於『屆時爲屆時』的取捨將是怎樣的知識下，調整後者，而不排除任何先前的『目前爲屆時』的取捨，只要該取捨在面對邏輯與事實後仍可保存下來。」⑩此外，有另外一種效益主義，只覓取「目前爲目前」及「屆時爲屆時」的取捨的最大滿足，

---

⑩ *Moral Thinking*, op. cit., p. 103.

亦卽只考慮關於當下的取捨（present preference）而不考慮有關將來的取捨。兩種效益主義同是理性的（尊重邏輯與事實），前者是取捨滿足的效益主義，後者則是快樂的效益主義。在此，我們可限制廣義的「快樂」一詞，而界定如下：最大的快樂便是「目前爲目前」及「屆時爲屆時」的取捨得到最大滿足，而最快樂的人就是在所有時間，最能得到他在那些時間所寧取(prefers)的。在如此界定下，兩種效益主義的主要分別在於考慮某限定類別中的取捨，還是所有的取捨。

　　現代效益主義在解決「我現在應如何作？」的問題時,考慮「目前爲目前」及「目前爲屆時」的取捨。赫爾承認，這樣做未必獲得所有取捨的最大滿足，因爲先前一些強烈的「目前爲屆時」的取捨，可能導致「屆時爲屆時」的取捨得不到滿足。但赫爾認爲，這可藉「爲自己將來着想的要求」（The Requirement of Prudence）所補救。這要求可加於我們當下的取捨之上，而要求是，我們應常有一凌駕的目前取捨：寧願「目前爲目前」及「屆時爲屆時」的取捨得到最大滿足。如此一來，現代效益主義既是覓取當下的快樂（「目前爲目前」及「屆時爲屆時」的取捨的最大滿足），同時又是一爲自己將來着想的實踐原則（形成一「目前爲屆時」的取捨，相當於「屆時爲屆時」的取捨，最低限度若二者衝突時，調整「目前爲屆時」的取捨以配合「屆時爲屆時」的取捨）⓰。

　　當我們普遍化我們的指令時，我們只須考慮常爲自己將來着想的人所具有的指令及取捨。倘若我們具備天使長的知識，便能够知道假使他人是爲自己將來着想的話，會寧取甚麼。卽是知道他們的「屆時爲屆時」的取捨，這是連他們自己也不一定覺察的。

　　明顯地，一道德主體必須爲自己將來着想,因爲在普遍化的要求下，他必須將自己置於假設的將來事件中，之後指令他在將來指令的。但理

⓰　同上，p. 105.

性或邏輯並不要求人爲自己將來着想，只要他不作任何普遍的指令；同樣，邏輯並不要求爲自己將來着想的人講道德。

人們常認爲，從效益主義的原則，可演繹出反直覺 （counter-in-tuition）的後果，並以此作爲對效益主義的攻擊。現代效益主義如何解決這困難呢？赫爾指出，這攻擊只是由於混淆了兩重思維。在直覺層，反效益主義者絕不能舉出一些例子，會在現實世界中發生而同時引導效益主義者作一違反直覺的結論；恰恰相反，反效益主義者會發覺他的對立者，如曾受良好教養的話，通常會認取直覺原則。另一方面，假如攻擊者是站在批判層來說，則他被容許建構任何離奇的事件，只要它們是邏輯上可能的；但他不能訴諸已爲人接受的直覺。假如如此建構的事件導致一違反直覺的結論，而此結論根據效益原則是在該情況下最好的作法，則效益主義者會承認此一結論。雖然如此，此結論是與目前的現實世界不相干的，因爲那事件永不會發生。

舉例來說，人們常認爲，根據效益主義，應該在必要時爲了拯救兩人而犧牲一人的性命，因爲這樣會得到最大的效益，而這結論是反直覺的。然而，現代效益主義計算最大效益的方法，是在假設事件中，輪流將自己置於受影響的人的位置，然後比較他們的取捨強度，於是，計算的結果（如果他們是眞誠的及經徹底想像之後），必定不會同意上述的結論。這亦是批判思維不選取「爲兩人生命犧牲一人生命」作爲初步原則的原因。假如攻擊者構想一非常特殊的情況，使得在批判思維的考慮下，會作出上述反直覺的結論，那麼，效益主義者會接受該結論，因我們不能依賴固有的直覺（或既定意見）來處理特殊的事件，更不能以直覺作爲正確行爲的判準。

此外，關於共鳴情感的難題 （The Problem of Vicarious Aff-ects），也可以相似的方法解決。所謂共鳴情感的問題，乃由利沙爾（N.

Rescher）提出⑩。共鳴情感分兩類：正面的與負面的。正面的共鳴情感乃是人對與其有特殊親屬關係者如妻子、子女、父母等所特有的情感與責任；舉例來說，在只能拯救妻子或一陌生者的情況下，多數人會選擇拯救他的妻子。利沙爾指出，由於效益主義原則「每人只能作一人算，無人能多於一人」蘊涵「一視同仁」，正面的共鳴情感會被效益主義者視為一種導致不公正行為的情感而應被壓制。

另一方面，負面的情感乃不良的動機如壞念頭、嫉妒等，利沙爾認為，根據效益主義原則，在作道德決定時，亦會把它們計算在內。在利沙爾看來，效益主義者對待兩種共鳴情感的方式都是違反直覺的。況且，由於正面的共鳴情感通常導致好的結果而負面的則導至惡果，一名一貫的效益主義者這種對待共鳴情感的態度不一定導致最佳後果，如此效益主義乃是自掌嘴巴（self-defeating）的理論。

讓我們看看效益主義的可能辯護。

效益主義者是承認正面的共鳴情感的優點與負面的共鳴情感的缺點的，正由於此，它會提倡前者而壓抑後者。正面的共鳴情感（如友情）是值得開拓及鼓勵的，並且可得到如下的證立：我們若把精力集中在一小撮人身上，比對每一個陌生者付出同等關懷更為有利，而且，我們在朋友有所需求時，便能立即覺察到。所以，若果每個人都對他的朋友有特殊的關懷，則一般的福利便會增加⑩。相似的證立同樣可給予負面的共鳴情感。

利沙爾或會反對說：就算不同的感情如上述般作分別處理能獲得效益主義的證立，然而也會有一些偶然的情況，使得這樣的處理不能達致人們的最大利益。要回答這反對，必須引用兩層思維。

---

⑩　N. Rescher, *Unselfishness*, (U. of Pittsburgh Press, 1975), Ch.5.
⑩　E. Telfer, 'Friendship', *Proc. Aristotelian Society*, (1970-71).

　　根據赫爾，鼓勵正面的共鳴情感及壓制負面的乃被效益主義者作爲一初步原則看待，在像目前這樣的世界，這原則一般地會導致最佳後果的。這種分別地處理不同的情感是在直覺層中運作的。如此，一受良好教養的效益主義者會讚揚正面的共鳴情感及責備負面的，而且，他會以此規範自己的行爲。所以他在直覺層中所作的有如一直覺主義者，但當他的行爲的正確性受到質疑時，能在批判層以效益原則證立它們。

　　當然，任何人碰到一些不尋常及離奇的事件，使得單單遵守上述的初步原則不能導致最佳後果，是邏輯上可能的；卽，正面的共鳴情感與大多數人的取捨相衝突，或者，負面的共鳴情感是如此有利，甚至勝過受約定俗成之見的責難。在此等情形下，效益主義者會跟從效益原則所指示的去處事。由於初步原則只是爲了用於像目前這樣的世界中而選取出來，故只能適用於普通事件。當反常的情況出現，我們再不適宜訴諸直覺，那時我們需要的是批判性思維，藉着它我們才能判斷對錯。因爲事件是反常的，所以我們對於違反直覺的結論不應感到驚訝。

　　除了共鳴情感的問題之外，人們亦常利用自由騎士的問題（The Problem of Free-Rider)，來指責效益主義違反直覺。

　　所謂自由騎士的難題，就是：在只有集體行動才能達到集體利益的情況下，個人的努力若非徒勞的，便是不必要的。這是因爲如果社團中的所有其他人都爲共同目標而盡力，則一人的努力是不必要的；否則，他的努力是徒然的。這難題可用來反對效益主義：由於一效益主義者是追求最大利益的，假若他藉着不貢獻自己力量來增加本身的利益而同時又不大損毀他人的利益，則他可以證立此做法⑩。但我們感到允許這類

⑩　M. Hollis, 'Rational Man and Social Science', R. Harrison, (ed.), *Rational Action*, (Cambridge U. Press, 1979); R. Tuck, 'Is There a Free-Rider Problem, and If So, What Is It?', *Rational Action*, op. cit.; George Sher, 'Review of Moral Thinking', *Noũs,* (1984).

行為是與公平原則不相容的。因此，效益主義者會遭受下列的指責：一方面引導我們作違反直覺的事，另一方面，縱容或鼓勵人們作自由騎士——道德上的寄生蟲。

對於現代效益主義，效益原則不單與公平相容，更因為道德判斷受普遍化原則所制約，所以效益主義是不容許不公平存在的。在面臨一道德抉擇時，例如：在旱災時是否應該用水喉灌漑花卉？一名道德主體必須反躬自問，他是否預備指令他人用水喉澆花，由此從其他人的公德心中取利，當他自己為大眾着想而沒有如此做的時候。一般地說，在作道德決定時，每人必須反問自己：「是否預備普遍地准許人們，當身處他的情境時，應該如此作；他這樣問的時候，必須心中記着，他在邏輯上或會處於任何地位的，因而沒有偏袒此或偏袒彼。」⑩

效益主義除了被攻擊為反直覺之外，它也被視為只重行為所導致的事態（後果），而忽略了作行為的人的主體性。威廉斯提出，從後果來判斷行為，便不能分辨出是我使他人做事、或我讓他做、鼓勵他做、給他們機會去做的情況，與我直接去做的情況，如果後果是相同的話。如此，效益主義牽涉負面責任（negative responsibility）的概念：如果我對一事負責，則我必須對我准許或無法阻止的事負同樣的責任。於是，一名效益主義者會以「如果我不做，他人也會做」的論證來證立他的行為，因為容許他人做該行為，我亦要負責，而這責任與我自己做所須付之責任沒有分別。如此，「那人是我（而非他人）」本身並不能構成一道德理由，無怪乎威廉斯說：「負面責任的學說在這方面代表公正的極端，它使人與主體的同一性（Identity）割離開來（alienated）。」⑪

⑩ R. M. Hare, 'The Argument from Received Opinion' *Essays on Philosophical Method,* (The Macmillan Press, Ltd.,1971), pp.129-130.

⑪ B. Williams, 'A Critique of Utilitarianism', *Utilitarianism: For & Against,* (Cambridge U. Press, 1973), p. 95.

一個人的同一性或整全性 （Integrity） 部分反映於他對自己的所作所為負責、而非對他人的所作所為負責這種態度上。因此，效益主義被指責為令人失去個人的同一性。

效益主義令人失去個人的同一性可分兩方面來說，一是使人抽離於自己的道德感（moral feeling）， 另一是使人抽離於自己的行為及決定。若一個人為了效益上的理由，而被逼作一道德上反感的事，他便是抽離於自己的道德感。在威廉斯的例子裏，占姆如果不去殺一印度人，軍官便會殺掉二十名印度人。在效益主義的計算下，一印度人之死比二十名印度人喪失生命是具較大效益的；且從效益主義的觀點看來，拒絕殺一印度人，結果導致二十名印度人死亡，這後果與由軍官去殺二十名印度人的後果是相同的，亦卽等於占姆親自殺了二十名印度人。但是，殺害無辜者對占姆來說是使他道德上反感之事，因此，假若占姆在效益主義的考慮下，決定去殺一印度人，那麼，他便喪失了其道德同一性。

另一方面，一名效益主義者做事必須以獲取最大效益為依歸，而最大效益是涉及他人的取捨及計劃（project）的，所以可以說，道德主體不能自己作決定，由此抽離於自己的行為及決定。

上述的指控在細密的考察下，都是立不住腳的。首先，我們看看效益主義是否必定涵蘊 關於負面責任的 理論， 因為這是同一性問題之根源。只注重後果而忽略主體所扮演的特定角色的學說，如果仍稱得上是效益主義的話，也不過是效益主義的一種淺薄幼稚的形態而已。一名深思的現代效益主義者在考慮是否作一影響人的行為時，必須反省，假若他處他人地位，具他人取捨的話，是否接受同樣的事發生在自己身上。這是普遍化的要求。例如，若我們容許某事發生，我們必須容許，當我們處於受害者的地位時，該事發生在我們身上。我們自己去做某事，或讓他人去做該事， 二者的後果可能有差異， 亦可能沒有差異， 無論如

何，所作的判斷必須能通過普遍化的考驗，才能得到證立。最低限度對於某些事件，就算我們容許別人讓某事發生（卽：無論我們處何角色，都同意「讓該事發生是對的」這判斷），但我們不一定接受別人故意去作該事（我們判斷，故意去作該事是不對的）。如此，現代效益主義者能够並且會分辨正面的或負面的責任，雖然並非藉着行爲的初步後果，而是藉着普遍化原則來分辨。

在威廉斯的例子裏，由占姆或他人（剛好是處於與占姆同樣位置的人）來殺一印度人的後果可能沒有甚麼不同，事實上，如果一人作出「占姆應殺一印度人」的判斷，它表示：「任何人處於占姆的地位，也應殺一印度人。」相反地，占姆爲一己利益而殺印度人，與爲他人利益而殺印度人，雖然是同一行爲，但也有很大分別，這分別在以普遍化要求來檢定時，便可看出。因此可以說，現代效益主義者並非只重後果而忽略判斷主體的意圖的。

關於道德感，現代效益主義者如赫爾會認爲，那是自少藉教育灌輸給我們的初步原則所產生的感情。在直覺層，具備道德感且在適當時機發揮它的力量誠然是好事，因爲藉此通常可以阻止罪惡並能發動道德行爲。但在一些不尋常的事件中（如道德衝突的事件），初步原則不能應用，我們必須運用批判思維來決定怎樣做。在效益主義的計算下，有時會得出反直覺的結論，但在此情況下，去作該反直覺的行爲是理性的；雖然這樣作違背了我們的道德感，然而這只顯示，自少培養的道德感不適用於特殊事件罷了。這個時候，我們會感到不自在，但正如赫爾說的，「雖然遺憾（regret）在所難免，卻不會有悔（remorse）。只因後悔蘊涵我不應作我所作的想法（這是我所沒有的想法；我並不否定，在考慮一切後（all things considered），我應作我所作的決定），感到後悔是不理性的。」⑫當悲劇或不愉快的事件發生，而那是超乎人的控制力

量的，我們便會覺得遺憾。雖然如此，道德感是值得培養的，但並不能用作道德上的證立，因為證立是要倚靠批判思維的。

關於效益主義者抽離於他自己的行為及決定的指控，現代效益主義者可作以下的答辯。當我們的計劃影響及他人的計劃時，我們必須照顧他人的計劃，因為我們不喜歡別人為了他自己的計劃而不顧我們的。雖然要照顧他人的計劃，但不表示我們必須放棄自己的計劃而喪失整全性。邏輯上我們可以堅持到底，假如我們希望實現計劃的強度是非常大的話。一名效益主義者最低限度可以堅守一計劃——效益主義，因為那亦是一種道德信念，雖然是形式的而非實質的。若殺一印度人能拯救十九名印度人的生命，那麼，去殺一印度人是在該情況下符合我們的救人計劃的。

在效益主義的理論下，每人都須向自己的行動負責，因而保存了他的整全性（由威廉斯所界定的）；但必須注意，對於負面責任與正面責任並沒有嚴格的分野，因為無論何時何地，每人都處於一既定環境（a given situation）中。雖然在既定環境中，人們仍可實現計劃；就算必須放棄原初的計劃，一名效益主義者也是根據效益原則而選擇如此作，這選擇便是他生命中計劃的一部分。

一直以來對於傳統效益主義的攻擊，都被現代效益主義一一化解。我們見到，現代效益主義以它的兩重道德思維的理論，保留了道德直覺（初步原則）的價值，並為它們找到理論基礎，使它們得到證立。此外，現代效益主義源自對道德字詞的分析，於是普遍化要求成為道德原則的邏輯要求，由此避免了自由騎士的難題，而成為真正公正不阿的道德原則。且普遍性既與特定性相容，故可照顧到判斷主體及判斷所影響的人的動機、理想、取捨、意向等，保存了個人的同一性，因而超越了

---

⑫ *Moral Thinking,* op. cit., p. 28.

只顧後果的淺薄效益主義。由此可見，現代效益主義兼重普遍性與個體性。在現代效益主義的學說下，個體性亦可見於道德判斷的指令性：道德判斷是指令的，而寧取一行為卽是指令該行為，反之亦然，故人的取捨被視為道德地相干的。其次，人可指令（寧取）任何東西，且可以任何程度的強度來指令，只要作道德判斷時，同時考慮別人的指令及指令的強度便是。所以，道德判斷可說能充份反映表現於取捨或指令的個體性。

2. 對現代效益主義的批評

赫爾的現代效益主義，解決了傳統效益主義的多項難題，但它本身卻又產生一些問題。

首先，現代效益主義考慮的「質料」是受判斷影響者的取捨，這有一優點，就是將各種理想、欲望都一律平等看待；理想、欲望固可有不同的內容，但不以內容影響判斷，因為對不同內容給予輕重不同的看待本身已涉及評價，而此評價也需要證立。道德判斷只考慮取捨，而取捨包括了好與壞的欲望、崇高的與瘋狂的理想等，在批判層，判斷者都無分彼此地考慮（當然，選擇初步原則時，會將好、壞欲望作不同處理），甚至對於同一行為，寧願它發生的理由無論是宗教的、美學上的、利己的、為人的、卑劣的、高尚的，都不予理會，而只計算取捨的強度，這樣做，避免了以既定評價來漠視其他人的需要的情況出現。但是，若所謂理想，得到效益主義的證立之後，我們在批判層作道德判斷時，是否可以比其他取捨，給予較大的份量呢？（赫爾只說，經效益原則證立的做法，可在直覺層中得到特別的推許或培養。）

上述的問題緊緊關連着另一問題，那就是，假如我們像天使長般全知，而具有「甚麼是人的真正利益？」或「怎樣做才符合人的未來取捨？」

方面的卓見，那麼，就算在批判層，在作道德判斷時，我們是否也可以不依「每取捨只作一取捨算」的準則，而賦予某些取捨較大的份量、且在這樣的計算下，才稱得上公平呢？

然而，根據赫爾的學說，在批判層中證立一道德原則，只是表示該道德原則在像目前這樣的世界上，若得到遵守，通常會導致較大的效益，並不表示這原則適用於任何可能的世界；另一方面，在批判層中運作的原則，如效益原則，是適用於任何的可能世界的。故此就算某原則獲得證立，也不能在批判層中賦予較大的份量，否則這賦予在別的可能的世界上，或會導致較少的效益的。此外，若以在批判層中證立的行為訂為好，而賦予較高的評價，這即表示，在任何可能的世界上，該行為都是好的，亦即是說，該行為與「好」這評價有着邏輯上的關連，如此則犯了描述主義的謬誤了。赫爾就是主張，在經驗的世界上，得到效益原則證立的行為或原則，只相對於像目前這樣的世界而言是好的，倘若這世界改變了，它們可能不再是好的了，從這裏可見，為何效益原則只是一形式原則的原因了。

我們且發覺，以強度作為量度取捨孰輕孰重的單位，也是有其優點的，因為別的量度單位，如取捨延續期間的久暫、持有取捨的人數的多寡、或判斷影響的大小，都可以納入取捨強度之內計算。

赫爾屢屢強調，我們不是天使長，所具知識甚有限，所以為求公平，仍要「每人只作一人算」。但是，我們不是天使長這事實，卻使到現代效益主義，出現以下的問題：現代效益主義者必須自限於既定的合理或不合理的取捨（成規），在作判斷時，只有計算取捨強度的大小，他不能改變、引導、培養某些取捨，因為他不知道，假如人是為自己將來着想的話，他會有甚麼取捨；即是說，他不知道甚麼對自己（或他人）是好的。對於「屆時為屆時」的取捨，我們只有憑經驗作臆測而已❸。

　　就算是天使長，清楚甚麼是對大多數人的將來有益的，他也不能驟然將現況改變，以符合大多數人的將來利益，因爲根據效益主義，必須計算人們目前的取捨，若人們固執於目前的狀態，那麼，急促的改變只會導致較小的效益，故只有順其自然，作促使取捨改變的輔助工作而已。

　　這對於現代效益主義以外的別家道德學說，是不構成問題的，因爲別的學說是有某些準則，來訂定好壞⑭，而不是以沒有內容的取捨強度來作判斷的依據的。

　　以取捨作爲效益原則的質料，使到受道德判斷所影響的生物，只要具備取捨，都應在考慮之列⑮。一頭牛、一匹馬，都寧取生而捨死，取舒適溫暖飽足而捨飢寒，那麼，依現代效益主義，我們是否都應作素食者呢？（牛寧願不被屠殺的取捨必定比我們寧願吃牛肉的取捨強。）甚至未來生物的取捨，亦須加以考慮。而確實，在《道德思維》第五章內，赫爾在討論行動或處境對於道德判斷相干的一類特徵時說：「我們可以暫時將這類刻劃爲：在那些處境下，可能行動所導致對人（我們自己及他人）的後果；卽是說，對他們的經驗、及對他們是否寧願擁有的那些經驗、或不願擁有的那些經驗所生的後果。素食者會希望說，以『有知覺的生物』來代替『人』，而將其他動物也包括在道德的範圍下；我樂於接受這補充，但爲了省便的緣故，將繼續說『人』。」⑯那麼，說「人吃肉不是錯的（不是爲了生存的理由，而是爲了獲得美食）」，便是誤用

⑬　雖然「爲自己將來着想」的要求，要我們考慮「屆時爲屆時」的取捨，但由於我們不是天使長，所以這「屆時爲屆時」的取捨，在將來亦可能不是可欲的取捨。

⑭　這不是說，實際上有這樣一貫而可行的學說存在，只是說，這種處理道德原則的方式，可避免正在討論的問題。

⑮　由此產生的問題並不限於以取捨爲質料的效益主義，同時也是快樂效益主義的問題。

⑯　*Moral Thinking*, op. cit., pp.90—91.

了「錯」這字，最低限度，由於違反了邏輯或違反了事實，而不算是一理性的道德判斷。這與我們平常只以「吃肉」爲個人的好惡取捨，不涉及道德問題的看法迥異。況且，將其他生物概括在道德的範圍內，則我們作道德判斷時，依普遍化原則，必須與牠們易地而處，設想牠們的取捨強度，但這在實踐上，是有相當大的困難的。

假使赫爾將道德問題局限於人類，便可避免上述的困難，而不影響他的道德學說，這種限制，可以不來自任何的評價，因爲在後設倫理學上，我們可以這樣證立：倫理學說既是分析道德語言的理論，故由之產生的道德學說，只應用於共用道德語言或將會共用我們的道德語言的生物之上。

赫爾的現代效益主義,乃由普遍指令論這倫理學理論所生出（generate），但是很多人懷疑⑰，從普遍指令論是否能生出效益主義，換句話說，效益主義是否對道德字詞所作的邏輯性質的分析所必然導致的道德理論。麥高魯斯基（H. J. McCloskey）說：「引介利益，同時引介在利益滿足方面，公正地、普遍地去指令的必然性，使赫爾的理論所決定的，較可能與某些形式的效益主義所決定的行爲，所導致的結果偶然相同。無論如何，這兩意含不會時常重合。」⑱ 從赫爾的倫理學說，如何推論出公正地指令利益的最大滿足呢（而不是公正地指令利益的最小滿足、或利益的無過無不及的滿足）？人希望獲取利益的最大滿足，並無邏輯的必然性，正如赫爾在反描述主義時說，趨吉避凶或好逸惡勞等

---

⑰ H.J. McCloskey 及 Thomas Nagel。參考 H. J. McCloskey, 'Universalized Prescriptivism and Utilitarianism: Hare's Attempted Forced Marriage', *The Journal of Value Inquiry* (1979); Thomas Nagel, 'The Excessive Demands of Impartiality',*London Review of Books,* V. 4, No.12, (July, 1982).

⑱ 'Universalized Prescriptivism and Utilitarianism:Hare's Attempted Forced Marriage', op. cit., p. 68.

傾向都不是邏輯上必然的。

這種看法，可能是「利益」一字所產生的混淆。「利益」通常被理解為包括理想與私欲，但「個人利益」也常被理解為單純的私欲（此之為狹義的「利益」），所以，在個人利益之外，有個人理想，人們可以為了理想而捨棄利益；在此後一理解下，人們不必求利益的最大滿足。然而，若在前一種理解下，一些東西既成為某人的利益，就必然是他要求滿足的。這點如果以「取捨」一詞代替「利益」（廣義的），會較為清楚，正如上述，取捨概括一切欲望與理想，故希望取捨得到最大滿足，是必然地真的，相反地，希望取捨得不到滿足，是自相矛盾的。我們指令一事，就是指令這事得到完成，前者只是後者的省略說法而已。這即是說，人指令其取捨得到最大滿足，是分析地真的，而人指令其利益（狹義）得到最大滿足，卻非分析地真。

如此，我們可以看到，普遍指令論涵衍「任何人在相同的情況下，應該指令所有取捨得到最大滿足的行為」這現代效益主義。至於由此效益主義，加上實際關於人們取捨的與料，而推論出關於具體事件的道德判斷，則不單是從後設倫理學理論推演出來，而是規範倫理學理論與後設倫理學理論的結合[⑲]。

但是，湯瑪士・內高（Thomas Nagel）認為，聲稱現代效益主義乃從道德概念的邏輯推論而得，使得基本的道德異議成為虛幻[⑳]。因為根據赫爾的理論，對一事情有不同的道德判斷，只是由於判斷者對於事實有不同的理解，或在邏輯方面出了差錯而已。即是說，或者他們在了解受影響者的取捨方面產生錯誤，或者沒有遵從道德字詞的邏輯要求。內高說，不單其道德觀被這方法批評的人視這方法為不對確，甚至同意

---

⑲ *Moral Thinking,* op. cit., p.5.

⑳ 'The Excessive Demands of Impartiality', op. cit.

赫爾道德立場的人，也不會視那些藉着不同方法達致道德判斷的人為誤用了語言。例如，一個人以為自己之比他人重要，在作道德判斷時偏袒自己，那麼，他是在一根本層面上與效益主義有實質的道德異議，而這異議不是出現在邏輯上或事實上，卻是「決定甚麼必須普遍地指令」的方法上。

這裏先澄清一點：我們曾說過，否定情緒論的論證之一，就是指出情緒論以道德判斷為人的情感的表達，這樣使得道德異議不可能，因對同一事物有不同的情感，是可容許的。內高批評赫爾的學說，則是認為赫爾將道德異議化約為對事實的異議或邏輯方面的誤差，雖然如此，道德異議仍是可能的。所以，批評情緒論使道德異議不可能，與批評現代效益主義使道德異議變成虛幻，是兩種貌似而實不同的批評，不可混為一談。

在赫爾看來，對於道德問題所作的理性解答，必須合乎邏輯與事實。可以說，一道德判斷涉及的成份就是構成判斷的道德字詞的邏輯特性，以及關於判斷中行為的後果的事實。不能依靠「道德的事實」如道德的信念等提供理性的解答，因為這些信念也必須受到考察（只當這等信念影響人的取捨時，才將它們置於取捨之內計算）。因此，除非根本否定赫爾對道德語言的邏輯分析（那時便會產生倫理學的異議而非道德異議），否則，在人們的取捨大致是固定的假設下，同時在人們都具有天使長的品質的假設下，實質的道德異議很少會出現；然而純粹狂熱分子存在的可能性，卻仍然保留了道德異議的可能性，而且,這道德異議，並不是由關於邏輯或事實的錯誤而生。此外，非道德主義者的存在，也會產生道德異議（不接受某一普遍指令）。

內高本身沒有提出「決定甚麼必須普遍地指令」的方法，所以不能判斷其他方法是否理性（在赫爾的定義下），同時是否較優越。除非內

高對赫爾對理性的理解，作出質疑，否則，他必須承認，現代效益主義是在合乎邏輯與事實的要求下，從普遍指令論所生出的道德學說，亦卽是給予道德問題一理性解答的原則。

雖然如此，我們仍舊可以問，赫爾對道德字詞所作的邏輯分析，是否正確呢？這是對於普遍指令論的懷疑。赫爾建立指令論的第一步，就是指出，「好」的基本涵義在於「讚許」，「應該」的基本涵義在於「指令」，但是，如何證立這理論呢？

傅偉勳在＜赫爾的指令論＞⑳一文中指出，赫爾用以否定自然主義的謬誤的論證，恰好可用以批評他自己的指令論。自然主義容許以「具有Ｃ性質」來定義「好的Ａ」，因此，「如果任何東西是好的Ａ，它就是具有Ｃ的Ａ（反之亦然）」是分析的，然而赫爾反對說，這種說法將「具有Ｃ的Ａ是好的」變成「具有Ｃ的Ａ具有Ｃ」，我們不能藉着「具有Ｃ的Ａ具有Ｃ」來讚許，但我們實際上是以「具有Ｃ的Ａ是好的」來讚許的，故二者並不相同，因此不能以「具有Ｃ」來定義「好的Ａ」。傅偉勳認爲，同樣，若將「『好』字是用來讚許的」視爲「好」的定義，那麼，說「『好』字是用作讚許的」，等同於說「『讚許』是用作讚許的」，因而不能用作讚許。另一方面，我們可以在日常語言的使用上，找到很多「好」字不是用作讚許的反例⑳。傅偉勳說，赫爾固然可以辯稱，好的「基本涵義」在於讚許，但有時則可作次等評價的字詞來使用，變得只有描述涵義而無讚許涵義；但是，赫爾如何證立他的學說是從後設倫理分析來建立呢？「如果我們眞的依照他（赫爾）的建議，不斷地敏

㉑　傅偉勳，'Hare's Prescriptivism'，＜哲學論評＞，（一九七一年七月）。

㉒　事實上，在傅偉勳的文章內，已提出了對於那些反例的辯護，見傅文頁五十二—五十三。而 W. D. Hudson, 在 *Mordern Moral Philosophy*, Second Edition, (The Macmillan Press, Ltd., 1983), pp. 237- 239 內，也企圖爲赫爾作解釋。

感地留心『我們使用它們的方式』，這是否必然得出關於上述學說的自己的結論呢？」❷ 傅偉勳繼續質疑：當赫爾憑着他對評價的定義，使得「評價是一自律的行為」成為一邏輯的要求，他似乎忘記了，如果他嚴格地自限於對日常道德語言作「邏輯的研究」，他一定不能找到這樣的「定義」的，這些日常的道德語言必然指涉某些習俗或組織。

如此，赫爾掉進一兩難中：一方面，他不能堅持「『好』字基本地用作讚許」是一關於日常道德語言的經驗肯斷，因為一些反例的存在，使它不能成為經驗上的真理；另一方面，由於並無足夠的證據去建立「使用『好』字就是基本上去讚許」這語句，赫爾必須承認，那只是一定義，但是如果他承認他的學說乃建基於他個人的語言設計的話，他整個學說的力量便會減弱，而且，這樣做的話，他不能再聲稱，他是在對於日常道德語言作純粹的邏輯語言上的分析 (Logico-Linguistic Analysis)，他的學說卻成為一規範的理論。

關於這問題，赫爾在指出自然主義以自然性質來定義好（或好的東西），使得該定義不能用作讚許時❷，已申明這種攻擊自然主義的方法，並不會使到任何定義都出現問題：雖然，說「具有C的A是好的」不同於說「具有C的A具有C」，因為後者在英文語法下是分析的，而前者則否；若以「具有C」來定義「好的A」，則相當於說，「在英文語法下，『具有C的A是好的』是分析的」，這樣，「具有C的A是好的」並不能作讚許之用，但事實上，它是用作讚許的。但是，對於一般的定義，例如，「幼犬是年青的狗」，我們若將之變成「在英文語法下，『幼犬是年青的狗』是分析的」，並沒有失去原有的涵義。同樣，

---

❷ The Language of Morals, op. cit., Ch. 5, 並參考本書 「自然主義的謬誤」一章。

「『好』字是用作讚許的」這語句本身並不是一讚許，故就算視之爲定義，而改寫成：「在英文語法下，『「好」字是用作讚許的』是分析的」並沒有失去原來的涵義。

在《道德思維》的導言中，赫爾透露了較確切的說明。「『好』字基本地用作讚許」，或道德字詞具有指令性，並不是在他自己的語言設計下，對道德字詞所作的定義，而是得自他對日常語言的哲理邏輯之研究的結論，赫爾以假設演繹法（hypothetico-deductive method）來進行研究，發覺大多數人在使用「應該」這字時，他們同意在時機到來時，去做那認爲應該做的事，否則他們便不是眞誠地同意，於是，乃將「應該」這方面的特性，定爲道德字詞的指令性。若詢問其證立何在，赫爾乃訴諸我們的語言直覺（Linguistic Intuition）⑱。赫爾強調，語言直覺只能支持我們的經驗語言學或哲理邏輯的特性，但不能由之得出實質的道德學說。直覺主義者稱，憑道德直覺，可得如「不應該說謊」這道德原則。但藉着語言直覺，我們只可以知道字詞的邏輯特性，這些邏輯特性不能演繹出實質的道德原則，否則便犯了自然主義或描述主義的謬誤。

由於語言主要爲了人與人之間的溝通，所以一語言的講者通常同意語言中的字詞作何用法，但這不妨礙某一特殊的講者，在他的社會內，以截然不同的方式，來使用某字。同樣，「應該」也並非絕對作爲指令而使用。赫爾指出，很多字詞都有很多不同的意含，只要在其中一公認的意含下，「應該」具有他所聲稱的特性，便足够了。換句話說，若「應該」在道德的意含下，具有指令性、普遍化性與凌駕性，是一般人道德地使用「應該」這字時所同意的，那麼可以說，關於「應該」等道德字詞具有上述的邏輯特性的學說，是成立的，而赫爾對道德字詞所作的邏輯分析，並不是一種規範的倫理理論。

---

⑱ *Moral Thinking*, op. cit., Ch. 1.

赫爾認為，道德直覺不能作道德理論的根據，但是，我們也可以問：「語言直覺是否可作為語言理論的根據呢？」聲稱「我應獲得較優厚利益，但在各方面與我相似的人，不應獲得較優的利益。」的人可以（邏輯上）說，他與一般人使用「應該」一字並無不同，他只是持有與眾不同的道德觀而已。同樣，人們就算同意道德判斷必須普遍化，但只同意普遍化的程度僅在於判斷中不含專有名稱，也是可以的。一個人在作道德判斷時，假若不把自己置於受影響者的地位，然後體會他們的取捨，我們根據語言直覺，並不覺得他是誤用了道德字詞，或自相矛盾，正如他說「所有書本都在桌上，有一本不在桌上」所表現的矛盾一般。這就是麥吉等人提出第三階段的普遍化並非邏輯要求的原因（見「道德判斷的普遍化可能性」一節）。除此之外，藉着所謂語言直覺，我們將實際事件與假設事件的分別視為道德上不相干，也是有爭論的。由此可見，以語言直覺來建立語言的邏輯，可能只在一較低的層面上，發揮作用，當爭論出現，便不能訴諸語言直覺；看來，在那時候，某一套語言學說的選取，乃建基於一種規範理論之上了。於是，赫爾的普通指令論，只能以「是否可取」來衡量，而不能視作客觀的真理。

還有，赫爾認為道德字詞的普遍化可能性乃來自描述涵義的一貫性的邏輯要求，但在「道德判斷的普遍化可能性」一節內，我們已見到，普遍化的要求並不單從一貫性的要求而來，而是加上對公正的要求，但為何應該公正呢？這問題已不是邏輯所能解答，亦已逸出對道德語言作邏輯研究的範圍。若赫爾仍舊訴諸我們的語言直覺，而認為「應該」一詞已涵衍公正原則，那麼，他便犯了與直覺主義者相同的錯誤（從關於語言的理論推出實質的道德原則）。這問題關係到「為何我應該道德」的問題，下章詳論。

第三章　爲何我應該道德

　　赫爾以狂熱分子與非道德主義者的存在作爲他的學說避免成爲描述主義的途徑，但是，正如彼得・辛格（Peter Singer）所說❶，正是這兩條所謂逃避的途徑，使得事實與行動之間的間隙，無法縫合。事實上，如何能以理性說服一非道德主義者，面對事實而作出普遍的指令及適當的行動呢？辛格明確指出，這不是依靠對道德的定義而可以做到的。

　　要令非道德主義者放棄他的立場，便必須對「爲何我應該道德」（Why Should I Be Moral?）的問題，提出滿意的解答。從字面看來，這問題可以是詢問一個人履行責任的動機，亦可以是要求關於道德的理性證立。但是，我們見到，一名道德的人在行動方面的動機上的理由，乃相當於他證立道德的理由。所以，問題雖然可以分成兩方面，事實上所要求的答案是重合的。

　　在企圖解答「爲何我應該道德」一問題之前，首先注意，「爲何我應該道德」中的「應該」，並不是道德上的應該，否則就是要求給予去

---

❶　Peter Singer, 'The Triviality of the Debate Over "Is-Ought"and the Definition of "Moral"', *American Philosophical Quarterly*, (1973)。辛格指出，描述主義者認爲從事實可推論出道德判斷，但接受道德判斷卻不能使人依判斷而行；主觀主義者則認爲道德判斷與行動有密切關係，但不承認某些事實可影響判斷。作爲中間學說的指令論，則容許狂熱分子存在，使得同意事實也不必能導致相同的判斷，另一方面，就算承認非狂熱分子在某些事實下，必須接受某道德判斷，而且依判斷而行，但非道德主義者可以根本不作道德判斷，使得事實與行動之間，仍然遺留間隙。

接受道德理由—道德的理由，而那是邏輯上不可能的，所以，「爲何我應該道德」只是要求一充份的非道德的理由，去說明爲何我必須常視道德的考慮爲凌駕的而已，亦卽是說，該問題要求說明,爲何我要認取「道德的觀點」❷。此外，有人認爲，「爲何我應該道德」是一假問題，他們說，這個問題是在假定了依道德而行並非對主體有利的情況下，而要求一遵守道德的自利理由（self-interested reason），因此，上述問題是沒有意義的。蓋・尼爾遜（Kai Nielsen）聲稱，一個體最理性去做之事，乃是增進自己的利益，這說法並非一邏輯上或概念上的眞理；同樣，不去作不道德之事的理由，也不一定與自利有關。所以，「爲何我應該道德」旣不是一自相矛盾、也不是一沒有意義的假問題❸。

尼爾遜繼續指出，雖然「爲何我應該道德」不是一假問題，但不可以爲對「爲何我們應該道德」作解答，便自然提供了我應該道德的理由。由於「爲何我們應該道德」的理由，是從主體中立的觀點（agent neutral viewpoint）作出——卽是說，假使 X 對於主體 Y 來說是去做 Z 的理由的話，那麼，對於相干地相似 Y 的任何主體來說，X 也是去做 Z 的理由。然而，非道德主義者卻視「爲何我應該道德」的理由，不是主體中立的，而是主體相關的（agent relative）。縱使對社會上其他人來說，X 是「爲何我們應該道德」的理由，但對於非道德者來說，卻不是對於「爲何我應該道德」的理由。若詢問非道德主義者爲何不放棄主體相關的觀點，而採取主體中立的觀點，亦卽是問他：「爲何不採取道德觀點？」因爲非道德主義者在開始問「爲何我應該道德」時，就是從主體相關的觀點出發的。

對於「爲何我應該道德」這問題，旣不能給予道德的理由，否則便

---

❷ 參考 Kai Nielsen, 'Why Should I Be Moral? Revisited', *American Philosophical Quarterly*, (1984).

❸ 'Why Should I Be Moral? Revisited', op. cit.

犯了竊題（question begging）的謬誤，但也不能給予自利的理由，因為很多時候道德要求人作自我犧牲。馬克・奧法勞特（Mark Carl Overvold）企圖在二者之外，找尋問題的答案❹。首先他將「自利」加以限制，重新定義。決定自利的因素，乃是個體 S 對於實現一事態的欲望，而在該事態中，S是一重要的構成部分，亦即是，S在時間T的存在，是出現在T的所欲的事態或後果的邏輯上必要條件。在此限制下，排除了「利他」的欲望（altruistic desire）如謀求他人幸福、維護正義等。於是，一個人最想做的，並不一定等於自利的行為，如此，「自我犧牲」才是邏輯上可能的。

為了解答「為何我應該道德」，奧法勞特認為必須展示，選擇一「道德的生命」是理性的抉擇。所謂理性的抉擇，就是如果(1)個體A知道所有那些在人類的知識狀態下，可以被知的相干的事實。(2)他的選擇只是被他的理性欲望（即理性的利益）所發動。基本上，理性的抉擇是人在考慮一切後（all things considered），關於最想做的的決定。奧法勞特進一步聲稱，最低限度對於某些個體來說，當道德的要求與個人的利益相衝突時，在考慮一切後，他們最想做的，就是道德所要求去做的。當這樣的情況出現時，跟隨他的道德的決定去做，是理性的，就算結果有損於他的利益。奧法勞特說：「最低限度，對於這等個體，我們能夠為應該道德（being moral）提供一些證立——這證立既不給予自利的理由，也不給予道德的理由，然而卻給予從那人的整體利益所產生的理由。」❺

但是，上述的證立只適用於那些依道德而行乃是他們最想做的事的人，對於只有為自己著想的動機（只為為己的考慮所發動 prudentially motivated）的人，選擇一道德的生命是否理性呢？奧法勞特認為，對

❹ Mark Carl Overvold, 'Morality, Self-Interest, and Reasons for Being Moral', *Philosophy and Phenomenology Research*, (1984).

❺ 同上，pp. 502-503.

於這些人，只在有足夠資料顯示選擇道德生命是對他們有利的情況下，該選擇才是理性的。然而，期望道德生命在長遠來說是造福於人的，是否合理呢？奧法勞特指出，一個只有爲己動機的人，必須改變自己，成爲一道德的人，眞正關懷他人幸福、維護正義，才能得到道德的酬報。當然，在道德與利益衝突時，他要作自我犧牲，所以選擇道德的生命，便須冒這個險，但假若他期望獲得的遠勝他所冒的險，那麼，他便有很好的理由去改變自己。如此，在上述的期望下，一爲己的個體去培養自己的道德感情，是理性的。當他培養好道德感情後，若遇到一情況，要求他犧牲自己，那時，因他已改變，於是，最想做的，乃是順道德的要求而自我犧牲，而該決定由於是基於他最想做的之上，故是理性的抉擇。

奧法勞特論證的策略，是先從利益中分出自利與利他兩部分，如此利他也可以是最想做的事情；再以服從個體當時最想做的來界定理性的抉擇。然後，以自利的理由，在不用作自我犧牲的時候，去說明爲己的個體道德化，那時該個體最想做的是得到利益（自利），所以道德化是理性的；又由於那時不用作自我犧牲，故自利的理由可成爲「爲何道德」的理由。另一方面，對於已有道德動機的人（爲己的個體已改變），可以道德的理由，去證立選擇道德是理性的，因爲那時該選擇是他最想做的，所以這證立沒有竊題；同時，就算要求他作自我犧牲，他亦會以道德的理由實行的。

然而奧法勞特仍然遺留一問題，就是如何證立，只有爲己動機的個體，在道德需要他作自我犧牲時，去選擇道德是理性的呢？這問題乃是「爲何我應該道德」的最常見的形式，不能給予解答，即是不能提供「應該道德」的理由。

符特在一篇題爲＜作爲一假然令式的系統的道德＞❻的文章裏，對康德將道德判斷視爲定然令式(categorical imperative)的學說，提出

質疑，結果引起一番討論❼。討論雖然環繞道德判斷是假然令式還是非假然令式（non-hypothetical imperative）這問題上，但由於涉及「道德考慮是否凌駕其他一切的考慮」，於是也不免與「爲何道德」的問題有關連。現以最簡略的方式，叙述與「爲何道德」這問題有關的討論，以期展示描述主義者對此問題的看法。

符特認爲，視道德判斷爲定然令式，卽是將道德判斷看成是無條件的，無論判斷者的欲望及利益是甚麼，道德判斷的力量是不變的。亦卽是說，道德判斷毋須倚靠其他理由，它本身就是行動的理由，它不像假然令式，會隨某些條件或考慮而變，所以對於任何人來說，道德判斷是不能逃避的（inescapable）。符特聲言，道德這種神秘力量，是它本來沒有的。說道德有這種力量，必須拿出證明來。

符特進一步議論，假如說假然令式與人的欲望利益等有着密切的關聯，而非假然令式則否，那麼，關於禮儀（etiquette）方面的規則，由於並非與欲望或利益（狹義的，指自利）等有直接的關係，所以規則中的「應該」，可以說與道德判斷中的「應該」一樣，同屬於非假然的用法。禮儀規則中的「應該」的非假然用法，使得這些規則甚至對於有理由不去遵守它們的人，也是適用的；雖然在此意義下，規則是不能逃避

---

❻　Philippa Foot, 'Morality as a System of Hypothetical Imperatives', *Philosophical Review,* (1972), reprinted in Philippa Foot, (ed.), *Virtues and Vices,* (Basil Blackwell, Oxford, 1978).

❼　如Lawrence C.Becker, 'The Finality of Moral Judgements: A Reply to Mrs. Foot', *The Philosophical Review,* (1973); William K. Frankena, 'The Philosopher's Attack on Morality', *Philosophy,* (1974); Philippa Foot, 'A Reply to Professor Frankena', *Philosophy,* (1975); D.Z. Phillips, 'In Search of the Moral "Must" :Mrs. Foot's Fugitive Thought', *Philosophical Quarterly,* (1977); Philippa Foot, 'Are Moral Considerations Overriding?', Philippa Foot, (ed.), *Virtues and Vices,* op. cit.

的，但不像康德所說的定然令式一樣，有着特殊的尊嚴與必然性。將道德判斷看成是定然令式，具有上述那種神秘的規範力量，只是我們受敎育的結果罷了。事實上，人們也會詢問道德或禮儀的理由，如果得不到滿意的答覆，他們也會合理地拒絕遵守的。

道德需要理由，它本身不能自動地作爲行動的理由，這與義務論者如康德的學說相違。根據後者，我們遵守道德的命令，只爲「那是道德的」、或者「那是對的」，然而，符特認爲，一些外在的目的，可以構成道德的理由，例如：不想他人受苦、對眞理及自由的愛、謀求他人幸福、甚至與人眞誠相處的欲望，都可成爲道德的理由；非道德主義者乃是不關心上述目的的人，所以對他們來說，這些目的不成爲道德的理由。

符特清楚地指出❽，道德判斷是假然令式，卽是只當它們與欲望或利益（廣義的，不單是個人於某時某地的欲望）關連起來時，才能給予我們行動的理由；而將道德視爲無條件的命令，只是我們在沒有深究的情況下，以爲它像禮儀一樣，是非假然的而已，但從上述可見，二者都需理由。

由此可見，符特認爲道德判斷與行動的理由（卽是人的欲望與利益）有着密切關係，甚至從後者可推論出前者，但她亦承認，在此關係下，仍可以有非道德主義者的存在，只要人們不以該等理由爲道德理由，他們便可以不作道德判斷。

符特將道德判斷的不能逃避的性質，類比於禮儀規則在這方面的特性，以期指出前者沒有神秘力量，但菲力普斯（D. Z. Phillips）認爲❾，上述的類比，是對禮儀規則同時要求得太多及太少了。

符特以道德判斷的不能逃避性類比於禮儀規則的不能逃避性，是對

---

❽ Philippa Foot, 'A Reply to Professor Frankena', op. cit., p. 457.
❾ D.Z. Phillips, 'In Search of the Moral "Must": Mrs. Foot's Fugitive Thought', op. cit.

禮儀規則要求太過。我們可以會社的規則爲禮儀規則的一種來說明。會社規則中所要求的理份的「必然性」，決定於人們是否對參與會社有興趣，這種條件式的應該，可表達爲：「如果你想加入會社，你必須遵守規則。」任何人都可以逃避這些規則，最簡單的做法就是不參加會社。但道德規則並不是相對於某些條件而言的，人們不能藉離開某些組織，而逃避道德規則。

另一方面，符特有時對禮儀規則要求過少。她以爲禮儀規則得到表面遵守便成，而道德規則則要求人們眞誠的遵守，不能用作沽名釣譽的手段。然而菲力普斯指出，禮儀規則同樣需要眞誠的遵守。這點看來使到道德上的應該與禮儀上的應該趨於接近，但菲力普斯強調，道德命令是無條件的，此爲禮儀上的命令所無。

所謂無條件，乃是指道德的考慮凌越（ overrule ）其他的考慮而言。我們或會基於經濟的考慮而去做某事，但道德理由可阻止我們做該事。我們有時會說：「我知道如果我想做X，我應該做Y，但我不應該做 Y。」這並不是說不通的。前者的應該是假然的應該，後者則是無條件的道德上的應該。道德上的應該，甚至可以凌越禮儀規則中的應該，一個重視禮儀的人，在某些環境下，可能會說：「我不應該遵守這些（禮儀）規則。」但一個重視道德考慮的人，卻不能說，道德規則不應遵守。實踐上的種種計劃，包括禮儀在內，都是有條件的，不單是當人們一旦失去該方面的興趣時，便沒有約束力，並且由於它們都要服從於道德的考慮。相反的，道德的命令是無條件的，不能因爲別的考慮而將它擱置。菲力普斯聲明，這不是說，對於不關心道德的人，道德也有約束力，只是說，關心道德考慮，即是認爲它們比其他考慮更爲重要。我們可以「定然」及「假然」來分判這兩種不同的考慮。

貝克卡（Lawrence C. Becker）在答符特的一篇文章裏❿，作出

了與菲力普斯相似的結論，他說：「一對確的道德判斷在定義上已是凌駕的了。」⑪貝克卡認為，從為自己着想方面的關懷（或一般來說，非道德的關懷），轉到道德的關懷，是擴大了事件，卽把事件帶到一完全沒有規限的領域中去探討，在那裏，我們在考慮一切後，決定甚麼才是對的；如果這是事實的話，那麼很易見到，道德判斷這概念本身，如何必然地包含「終極」（finality）及凌駕這概念了。如果去接受一道德判斷，卽是去接受，在「每樣東西都已計算在內」的情況下，應該如此如此作，那麼，已排除了任何反對的基礎了。道德判斷若是根據理性的考慮而作出，它是不能逃避的，否定它就是否定理性作為決定如何作的根據。

總括來說，菲力普斯與貝克卡在維護道德判斷是無條件的命令的基礎上，指出道德判斷凌駕於其他的考慮，貝克卡說道德判斷是考慮一切後的判斷，因此是理性的，而菲力普斯也說，道德判斷不決定於非道德主義者所訴諸的那些考慮之上。所以對於「為何道德」這問題，可能的答案只是：「因為你應該。」（而不是其他考慮所提供的理由。）

但是，正如菲力普斯說的，只是對於關心道德的人，道德考慮才凌駕於其他考慮之上，但對於不關心道德的非道德主義者來說，根本沒有道德的考慮，更不會視道德的考慮為最重要。甚至貝克卡雖然以為理性的考慮必須在考慮一切後作出，但他沒有證明，考慮一切後，必定以道德的考慮為依歸。由此可見，他們證立的道德的凌駕性，預設了道德的考慮。然而，詢問「為何道德」，相當於詢問，在眾多考慮之中，為何獨要認取道德的考慮，而此同樣是要求證立道德的凌駕性，但沒有預設道德考慮的認取。

---

⑩ 'The Finality of Moral Judgement: A Reply to Mrs. Foot', op. cit.
⑪ 同上，p. 367.

就算對於關心道德的人，符特指出，道德考慮並不是經常凌駕的❷。她舉出一些反例，說明有時禮儀凌駕於道德，甚至清楚知道及承認某行爲是不道德的，但仍然認爲「必須」去做。她進一步說，若果菲力普斯認爲那些容許道德被凌駕的人，沒有關心道德，則他的學說便成爲贅言(trivial)，若果菲力普斯認爲那些人只是屈服於誘惑並且日後會後悔，那麼事實證明他是錯誤的。

我們發覺，符特的論證，是根據她的描述主義立場而作出的，因此才可能出現既承認某行爲是不道德的，同時認爲必須去做的情況。「不道德」在這裏，只是相對於某些評價準則而言，當行爲符合了不道德的標準，便是不道德的，而人們仍可就當時的處境，去作或不作該不道德的行爲。我們已討論過，描述主義的錯誤所在了，在此不再重覆。我們可就此指出，符特所舉的反例，在指令論下，是不可能出現的，因爲對於指令論者，道德判斷就是在考慮一切後，對於所有實際的及假設的最大欲望的指令，由此不會出現一方面承認其不道德，另一方面又指令（普遍地）去作該行爲的情形❸。符特的反例中的「不道德」，只是一次等評價（口頭認取現成的道德標準），並不是眞正道德判斷的產物。

說回「爲何道德」這問題，符特以其描述主義者的立場，企圖給出一關於欲望與利益的理由，但是一個對於謀求他人幸福、維護眞理及自由等，沒有欲望的人，根據符特，是沒有理由去認取道德觀點的。所以對於這些人來說，不可能給出「爲何道德」的答案。而且，謀求他人幸福等若不是所有人的欲望，那麼，與其說它們是道德的理由，毋寧說道

---

❷　"Are Moral Considerations Overriding?', op. cit.

❸　的確有些情況，人們明知某事不道德也去做，或明知某事是道德所要求的，卻不去做，這是關於意志薄弱的問題，乃是關乎判斷與行動之間的關係；符特的反例並非指同時做出不相容的指令的情況，只是指出道德判斷沒有指令性。

德是作這些行為的理由。符特的錯誤，歸根究底，可能就是假設了一些所有人都擁有的共同欲望的存在。

作為指令論者，赫爾當然反對描述主義以「想望」作為應該道德的理由。但令人驚異的是，他所提出的道德理由，也擺脫不了為己的因素。首先，他聲明❹，一貫的非道德主義者是合乎邏輯的，他只能給出不選擇作非道德主義者的非邏輯的理由。他說，在考慮「為何道德」時，讓我們設想我們在教養孩子，並且只以孩子的利益為念，那麼，我們要向他灌輸利己主義原則還是非利己主義的原則呢？

假設灌輸利己主義原則是對孩子有利的話，我們仍然不能教孩子遇事才判斷甚麼是對他有利，正如在道德領域內，我們必須否定拙劣形式的行為效益主義的理由一樣：遇事時沒有時間給我們計算利害，且很多時我們會貪圖一時之快而自我欺騙，作出一些不為自己將來着想的判斷。於是我們需要一些為己的初步原則。這些原則包含勇敢、自制等。而勇敢、自制不單是我們在利己方面成功的條件，它們同時也是工具德行 (instrumental moral virtue)，依靠它們可以造就內在的德行。在此可見，有些為己的初步原則是與道德的初步原則重合的，例如節制原則 (Principle of Temperance)。

然而問題是，對應於內在德性 (instrinsic virtue) 的原則與利己主義原則，是否有關呢？赫爾認為，這問題應放在「像目前這樣的世界」中看，因為能夠在這世界上，消解「為己着想」與道德的對立，已是足夠了。

赫爾建議，我們應該以行為效益主義的天使長所選取的道德初步原則，來教養孩子，就算我們單純為他利益着想的話。他給出以下的理

---

❹ *Moral Thinking*, op. cit., Ch. 11.

由。他相信，若敎導孩子在做每件事之前，都小心四周查察，看是否能逃脫懲罰，然後去做對他有利的不道德行爲，這樣的原則不會是對他有利的，因爲去做一個成功的不道德的利己主義者，需要超乎常人的能力及天賦，這是普通人沒有的。此外，還有社會方面的理由。社會給予道德酬報，例如，對社會有利的都獲得獎賞，而對社會有害的須接受懲罰，這不是偶然的，而是人類發覺這樣會令生活較爲好過而設計出來的。

　　但是，爲何不敎養孩子，在大部分時間裏，遵守社會規範，而在不被察覺的情況下，爲圖利益而違背它們？赫爾答道，部分的理由是，使人看來正直的最簡易方法就是處事正直，成功地犯罪差不多對每個人來說都是極端困難的。就算有例外，這些例外也是非常罕有以至不能爲敎育工作者所預測。

　　赫爾說假如我們局限於像目前這樣的世界中考慮，那麼，道德的初步原則便是最好的爲己原則。亦卽是說，就算我們只有爲己的理由，在像目前這樣的世界裏，我們也應該道德。這是建立在「道德通常得報酬」的信念上，而且，這不單是他的信念，而是在他的觀察下，一種經驗事實。問題就是出現在，對於像目前這樣的世界的了解及認識，因爲這世界是經驗的世界，故對這世界的認識屬於經驗知識，而且最少有一種方法，可證驗知識的眞實性。赫爾相信，「道德通常得報酬」，不道德的人雖然有時可以逃之夭夭，逍遙法外，但他們是不快樂的。赫爾這種信念，似乎陷入了不可能否證（infalsifiability）的錯誤中。尼爾遜明白指出，我們並不能證明不道德的人較不快樂，他說：「一個不道德的人是否不快樂，要決定於他是那一種人，生活在那一種社會中，他在該社會中佔甚麼特別的位置，以及他擁有那一種自我形象。快樂不一定需要道德，正如理性不一定需要道德一樣，雖然在某些環境，快樂與堅持道德承擔是可以相容的。」❺

　　總括來說，赫爾提出的應該道德的理由，只是對一般人有效，對於有超乎常人的能力的天賦罪犯來說，便不構成理由；然而，道德的理由，如果是一概括的證立道德的根據的話，必須對所有人都適用；其實這些理由，就是對於極端的利己主義者及天生的不道德的人（天生有犯罪傾向的人），有特別的意義。如此，赫爾對「為何我應該道德」的解答，可說是不成功的。

---

⑮ 'Why Should I Be Moral? Revisited', op. cit., p. 86.

第四章　儒家對「爲何道德」的解答
——人禽之辨

　　赫德遜在第一版的《現代道德哲學》中，〈描述主義〉一章內論及倫理學與人類學的關係❶，他認爲，一個人對「人是甚麼」的信念，與「他應該做甚麼」的判斷，是有一定關係的。譬如說，如果人們同意大前提：「無論將人看成怎樣，應該作任何使人興盛（flourishing）的行爲。」那麼，再加上關於人的特性及潛質的信念，作爲小前提，便可得出應該作甚麼的結論。赫德遜承認，「興盛」是評價字詞，隨着對人的不同看法，「怎樣使人興盛」便會改變。

　　赫德遜主要想論證，對於「人」的觀念與道德判斷的關係，但在這裏想指出的是，對於「人」的觀念，或者能夠構成「爲何我應該道德」的答案。麥馬漢（Christopher Alle McMahon）在《道德與表達》❷中提出，藉着顯示去認取一道德原則，可以看成是對於形上的自我概念（metaphysical self-conception）的表達（expression），便可提供「爲何道德」的理性支持。這種關於道德的理由的論證，稱爲表達論證（Expression Argument）。他舉出約翰・羅爾斯（John Rawls）與湯瑪士・內高（Thomas Nagel）❸作爲運用此論證的兩個例子：羅爾斯

❶ W. D. Hudson, *Modern Moral Philosophy,* First Edition (The,Macmillan Press, Ltd., 1970), reprinted in 1987. pp. 320-329.
❷ Christopher Alle McMahon, *Morality and Expression,*(University Microfilms International, 1979).
❸ John Rawls 的有關主要著作爲 *A Theory of Justice,* (The Belknap Press of Harvard University Press,1971);Thomas Nagel 的有關主要著作爲 *The Possibility of Altruism,*(Oxford University Press, 1970).

聲稱根據公平的兩原則作事的人，是將自己的本性表達成「自由與平等的理性人物」；而內高則聲稱，那些以客觀理由指導行爲的個體，乃將他們自己的概念表達成「在同等眞實的衆人中的一人」（如此，非唯我（nonsolipsistic）的自我概念便成爲道德的理由）。在這裏，我不打算探討羅爾斯或內高的理論，卻想展示，中國的儒家學說提供「爲何道德」的理由的方式，乃類似於表達論證。

儒家認爲要談道德，首先要覺醒人禽之辨。自覺人與禽獸有甚麼不同，卽是自覺人除了動物性之外，有一種人性，使得人不單作實然判斷，還會作應然的道德判斷。動物順着自然之性，只追求溫飽，所以認取的是關於最能達到目的的手段的假然令式；人因有人性，所以會作出：「爲謀取自身利益而傷害他人是不對的。」這類判斷。

孟子說：「人異於禽獸者幾希。」並有小體大體的分別。這「大體」或「幾希」的東西，就是人性。人性就是判斷善惡的能力，故可說是道德所以可能的根據。對於儒家，人性不單使我們能判辨善惡，且具好善惡惡的方向。儒家認爲不順動物的自然欲望走，便是好善惡惡的表現。人有這種不順自然欲望的傾向，才可以講道德。由此可見，分辨善惡、好善惡惡這些人性的內容，亦卽人的道德性。性使道德可能，在此言性善。以下是孟子所作有關人性的譬喻及闡釋。

告子曰：「性猶杞柳也，義猶桮棬也；以人性爲仁義，猶以杞柳爲桮棬。」

孟子曰：「子能順杞柳之性而以爲桮棬乎？將戕賊杞柳而後以爲桮棬也？如將戕賊杞柳而以爲桮棬，則亦將戕賊人以爲仁義與？率天下之人而禍仁義者，必子之言夫！」

告子曰：「性猶湍水也，決諸東方則東流，決諸西方則西流。人性之無分於善不善也，猶水之無分於東西也。」

孟子曰：「水信無分於東西，無分於上下乎？人性之善也，猶水之就下也。人無有不善，水無有不下。今夫水，搏而躍之，可使過顙；激而行之，可使在山。是豈水之性哉？其勢則然也。人之可使爲不善，其性亦猶是也。」❹

性猶杞柳湍水之說，卽是將人性等同於物的自然之性；飲食男女之事，乃自然之性，爲人與物所共有，當然單純的欲望本身無所謂善不善，但人可以去決定在某環境下，自然欲望是否應該得到滿足，亦卽是說，以道德的考慮凌駕於其他的考慮，而人性就是作此決定的根源，不可與自然欲望的物性等同，卻是超乎實然的物性，而爲超越的。

告子曰：「生之謂性。」

孟子曰：「生之謂性，猶白之謂白與？」

曰：「然。」

「白羽之白也，猶白雪之白；白雪之白，猶白玉之白與？」

曰：「然。」

「然則犬之性猶牛之性，牛之性猶人之性與？」❺

這裏，告子以「生」作爲性的內容，而性成了每一類物質的本質，白就是白羽、白雪、白玉這一類物質的共同屬性，於是，性旣等同於生，是生物所共有的，是一「類概念」，那便無善惡可言，而人與禽獸變得沒有甚麼差別了。

儒家不單以性來辨明人禽之別，故言性善，將性看成是超越的道德根據，儒家更認爲道德標準是內在的。性旣是道德的根源，所以道德標準並非由外在的禮儀規範所決定，相反地，禮儀規範應由性決定。

告子曰：「食色，性也。仁，內也，非外也；義，外也，非內也。」

---

❹　<孟子>，<告子章句上>。

❺　同上。

孟子曰:「何以謂仁內義外也?」

曰:「彼長而我長也,非有長於我也;猶彼白而我白之,從其白於外也,故謂之外也。」

曰:「異於白馬之白也,無以異於白人之白也;不識長馬之長也,無以異於長人之長與?且謂長者義乎?長之者義乎?」

曰:「吾弟則愛之,秦人之弟則不愛也,是以我爲悅者也。故謂之內。長楚人之長,亦長吾之長,是以長爲悅者也,故謂之外也。」

曰:「耆秦人之炙,無以異於耆吾炙,夫物則亦有然者也,然則耆炙亦有外與?」

孟季子問公都子曰:「何以謂義內也?」

曰:「行吾敬,故謂之內也。」

「鄉人長於伯兄一歲,則誰敬?」

曰:「敬兄。」

「酌則誰先?」

曰:「先酌鄉人。」

「所敬在此,所長在彼,果在外,非由內也。」

公都子不能答,以告孟子。

孟子曰:「敬叔父乎?敬弟乎?彼將曰:『敬叔父。』曰:『弟爲尸,則誰敬?』彼將曰:『敬弟。』子曰:『惡在其敬叔父也?』彼將曰:『在位故也。』子亦曰:『在位故也。庸敬在先,斯須之敬在鄉人。』」

季子聞之,曰:「敬叔父則敬,敬弟則敬,果在外,非由內也。」

公都子曰:「冬日則飲湯,夏日則飲水,然則飲食亦在外也?」❻

　　仁義禮智是發自內在的道德標準,雖然可因應不同的情況而有不同的行爲,但行爲的原則(道德標準)是一樣的,外在條件的變遷並不能

―――――――

❻　同上。

影響內在的標準，這是性的超越能力所保證的。故說：「仁義禮智，非由外鑠於我也，我固有之也。」❼

　仁義禮智，是性所訂立的內在道德標準，但只點出了在不同範疇下人自處的應有態度，並不是一些死規條，任何道德標準都可融滙爲一──仁，仁心就是道德心；性是義理，發用主宰的是心。在任何時刻，若本心發用，便能透過念慮或行爲將性呈現出來，例如見孺子將入於井，卽生怵惕惻隱之心，這就是仁的呈現，故相應於仁義禮智而有惻隱、羞惡、辭讓、是非之心，且皆具普遍性。

　惻隱之心，人皆有之；羞惡之心，人皆有之；恭敬之心，人皆有之；是非之心，人皆有之。惻隱之心，仁也；羞惡之心，義也；恭敬之心，禮也；是非之心，智也❽。

　心超越於經驗界的利害計較，不爲既定條件所限，自訂律則，這些律則乃與性所包含的道德標準吻合，故心之發用就是性的呈現；例如仁義禮智亦可說是心自訂的律則，所謂「從心所欲不逾矩」，在此義下言心性合一。就性之作爲道德標準及知善知惡的能力而言，可說是道德的客觀性原則，而就心之作爲道德的發動力量、製訂道德規律的機構而言，可說是道德的主觀性原則。

　生亦我所欲也，義亦我所欲也，二者不可得兼，舍生而取義者也❾。

　生命亦可因義理的堅持而放棄，由此可見心性的超越性。

　作爲客觀性原則的性與主觀性原則的心，構成道德可能的根據，是人不致淪爲只求溫飽的禽獸的把柄。人是一道德的主體，這是儒家對「人」的概念，而面對「爲何道德」的問題，只有以「心（本心）之不容已」作答；所謂心之不容已，就是人不甘淪爲禽獸，同時肯定人有不至淪爲

❼　同上。
❽　同上。
❾　同上。

禽獸的能力，而實踐道德乃是人體證存在價值的唯一途徑。由此可見，儒家給予「為何道德」的答案並不是從「為己」出發，也不是根據某一道德原則而給出，卻基於人禽之辨的自覺，以及對於自己的要求——要求上進而不墮落，從而導出道德乃必然不可逃避者。

非道德主義者逃避道德，不作道德判斷，見不到自己與禽獸的分別，而結果就真的使得自己與禽獸沒有任何分別，所以，人與禽獸的界線，常由一念決定，從這裏亦可見，只有人能主宰自己，亦只有自己能主宰自己。

基於上述所說的，我們可以說，道德是一種創造。這不單指本心能創造規律、判辨善惡，同時亦指憑着道德，人可創造自我，完成自我——我要成為一個好人、還是壞人，一個自私自利的人、還是博施濟眾的人？——這全由一己決定。要作人而不作禽獸，要作好人而不作壞人，都是道德心所要求，因而不可逃避，亦不可以任何理由來推卸，就算一時倦怠，亦得堅持下去。

子貢問於孔子曰：「賜倦於學矣。願息事君。」

孔子曰：「詩云：溫恭朝夕，執事有恪。事君難，事君焉可息哉？」

「然則賜願息事親。」

孔子曰：「詩云：孝子不匱，永錫爾類。事親難，事親焉可息哉？」

「然則賜願息於妻子。」

孔子曰：「詩云：刑於寡妻，至於兄弟，以御於家邦。妻子難，妻子焉可息哉？」

「然則賜願息於朋友。」

孔子曰：「詩云：朋友攸攝，攝以威儀。朋友難，朋友焉可息哉？」

「然則賜願息耕。」

孔子曰：「畫爾於茅，宵爾索綯，亟其乘屋，其始播百穀。耕難，耕

焉可息哉？」

「然則賜無息者乎？」

孔子曰：「望其壙，皋如也，嵮如也，鬲如也。此則知所息矣。」

子貢曰：「大哉死乎！君子息焉，小人休焉。」 ❿

　　人在任何時刻、充當任何身份、處任何地位，都是自我創造的一環，沒有一處是可以躱進去的。路途無疑是艱難的，且是畢生畢世之事；但感到艱難是因爲我們要與不在我們控制下的「我」搏鬥，然而隨着我們逐漸發揮主宰自己的能力，那敵對的一方便自然相對地減弱，最後我們會到達一完全自由的境界：從心所欲不逾矩。

　　必須澄淸的是，儒家與直覺主義是不同的；換句話說，我們對於直覺主義的批評，並不適用於儒家學說。理由如下：

　　第一，儒家提出道德的根源，當我們作道德判斷時，只要向內求諸本心，便能辨別善惡。但關於善惡的道德判斷，並不是對我們的心理事實的描述，所以與屬於描述主義的一類直覺主義是不同的。且儒家不是藉道德能力來界定善惡，所以沒有犯自然主義的謬誤或形上學的謬誤（Metaphysical Fallacy）❶。

　　第二，若果以直覺一詞指謂我們的道德能力，那麼，直覺主義者所言的「直覺」固然與儒家的「道德心」（良知）相似，但是，根據本書「直覺主義」一節中所描述的，直覺主義預設了道德實在論，肯定善惡是事物所具的性質，而直覺只是去認知這些性質的能力，而對於儒家，道德標準是內在的，道德心可以自訂道德律則，因此，儒家的良知是一種創造能力，而非認知能力，道德判斷也不是對外在世界事物性質或狀態的描述，而是內在道德標準的呈現，不可混爲一談。

---

❿　≪荀子≫，＜大略篇＞。

❶　見 G. E. Moore, *Principia Ethica,* (Cambridge,1903).「形上學謬誤」就是以形上性質來界定道德字間的謬誤。

第五章 儒家與效益主義——義利之辨

義務論（Deontology）與目的論（Teleology）同屬倫理學的兩大系，根據法蘭肯那的《倫理學》❶，目的論主張終極及基本的道德標準（或原則）乃在於道德行為所成就的非道德價值（如快樂、知識、自我實現等），而義務論剛好相反，它認為在行為所帶來的後果之外，有另外的考慮，使得該行為是好行為或是壞行為，換句話說，一行為可以是好的，就算它並沒有促進個人、社會或宇宙間的利益，只是由於行為的特性或有關的其他事實，該行為便成好行為了。

義務論與目的論之間的爭論，看來類似對於「為何道德」這問題的兩不同解答——道德的證立與為己的證立——之間的爭論。看來義務論乃對上述問題提供道德的證立，而目的論則提供為己的理由；我們曾討論，若以道德的理由作為「為何道德」的支持，則犯了循環論證的謬誤，但是，假定我們不是非道德主義者，而只是正在抉擇選取義務論或目的論的觀點，那麼，義務論的學說，並沒有包含循環論證，它只是給出最終極的道德標準，且指出這標準毋須其他原則來證立而已。

根據法蘭肯那，通常被視為義務論的終極原則就是公平原則（The Principle of Justice），義務論者認為，公平是一種必須堅持的價值，雖然有時遵守公平原則並不對大多數人有利。目的論的終極原則乃是效

---

❶ W. K. Frankena, *Ethics,* (Englewood Cliffs, N. J., Prentice-Hall, 1963), Ch. 2, 3.

益原則（The Principle of Utility or The Principle of Beneficence）
——我們應該做的就是追求最大可能的好（「好」可以快樂、權力、欲
望等的滿足來界定）， 而這原則預設了一更根本的原則——仁慈原則（
The Principle of Benevolence）——根據後者， 我們應該去做有益的
事情而去避免有害的事情。

　　至於義務論者， 雖然不以仁慈原則為終極原則， 但他們必定不會反
對這原則。公平原則固然獨立於行為的後果之外， 但因為它只涉及利益
的分配（更籠統地說， 是好壞的分配， 如好的態度的分配）， 並不能概
括道德內的各個範疇， 不是所有對的事都涉及公平， 也不是所有不對的
事都涉及不公平， 由此看來， 在公平原則以外， 應容許仁慈原則， 二者
不能互相化約❷， 如此成為道德的兩大基本原則， 道德的責任、理份等
都從這兩原則之一推演出來， 有些則從二者共同推演出來。

　　若同意這樣的分析， 那麼， 義務論與目的論間的對立， 便變成只是
各執一見的結果， 它們不是像表面看來那樣互相排斥， 反之， 一可信的
道德理論必須結合公平原則與仁慈原則。

　　赫爾的現代效益主義 主張道德判斷 必須普遍化， 預設了 公平原則
❸， 而且以效益原則作為道德的基本原則， 故滿足了上述的兩項條件。
如此， 現代效益主義並不是單純的目的論。

　　儒家嚴辨義利， 它是否必定反對效益主義呢？

　　儒家視義利之辨， 為講求道德的先決條件， 並以此分判君子小人。

　　子曰：「君子喻於義， 小人喻於利。」❹

---

❷　關於以公平原則化約為效益原則的論證， 類似於以為已原則來證立道德， 決
　　定於「道德必獲酬報」的信念之上， 所以是不成功的。

❸　前面已討論， 雖然赫爾不承認， 但道德字詞所具的普遍化性， 並不單從字詞
　　的描述涵義而來， 尤其是普遍化的第二、三階段（根據麥吉的劃分）， 已超
　　乎道德的要求， 而是一種公平原則的要求了。所以現代效益主義事實上預設
　　了公平原則。

❹　＜論語＞，＜里仁篇＞。

陸象山在其與王順伯之書中，以義利判儒佛。

某嘗以義利二字判儒釋，又曰公私，其實卽義利也。……惟義惟公，故經世，惟利惟私，故出世❺。

論語中還有：「放於利而行，多怨。」❻之句。

其實儒家所排斥與義對立的「利」，非泛指一般的利益，而是指私利和私欲，儒家認爲，若要講道德，便必須把私利私欲撇開，否則受私利所控制，順着私利的要求做事，便不能建立道德判斷。所謂：「魚我所欲也，熊掌亦我所欲也，二者不可得兼，舍魚而取熊掌也。生亦我所欲也，義亦我所欲也，二者不可得兼，舍生而取義也。」❼但是儒家並不是要人作苦行僧或清教徒，合乎道義的利，是不必避諱的。

子曰：「富而可求也，雖執鞭之士，吾亦爲之。」❽

儒家講求仁義，就是要人存一個公心，不單顧慮自己的利益，也要顧慮別人的利益。

子曰：「夫仁者，己欲立而立人，己欲達而達人。」❾

「老吾老，以及人之老，幼吾幼，以及人之幼。」❿

「己所不欲，勿施於人。」⓫

這就是儒家推己及人、「親親而仁民，仁民而愛物」的要義。宋儒詮釋仁爲：「仁以感通爲性，以潤物爲用。」踐仁後自己與他人乃有切膚之痛，對萬物都有關切之情，由此可見，道德就是從己到人、從私到公的一步的跨出。

---

❺　＜象山全集＞，卷一。

❻　同❹。

❼　＜孟子＞，＜告子章句上＞。

❽　＜論語＞，＜述仁篇＞。

❾　同上，＜雍也篇＞。

❿　＜孟子＞，＜梁惠王章句上＞。

⓫　＜論語＞，＜衞靈公篇＞。

子曰：「富與貴，是人之所欲也，不以其道得之，不處也；貧與賤，是人之所惡也，不以其道得之，不去也。」⓬

所以儒家不是叫人摒絕利益，只是當義利衝突時，須捨利從義；而所謂義，就是「己所不欲，勿施於人」、「己欲立而立人」、「因民之所利而利之」，在這樣的理解下，儒家不是必定排斥效益主義的義務論者，因為效益主義不是唯我主義，而是追求大多數人的最大滿足的道德原則。何況，我們已論證，現代效益主義並不是單純的目的論，它所提倡的效益原則，作為一種道德推理的程序，已包含了推己及人、設身處地為他人着想的步驟，故必為儒家所贊同。

我們可以進一步說，儒家固然不屬於目的論，但它並不排斥包容公平原則的現代效益主義，它也不屬於與目的論相對的義務論，因為後者認為，「我們應該做 X」不是為了別的理由，而是為了「客觀上」我們應該做 X。然而根據儒家學說，一發自本心的道德判斷是主客合一的表現，道德主體踐履道德，一方面由於心之不容已，另一方面由於完成目的（如完成自我、令他人快樂等）本身是一無可逃於天地之間的理份。所以，滿足本心所指向的目的就是一理份。

儒家確立了人的道德根源⓭，本心發用自訂律則，便自然合義理，人所需的道德訓練只是向內反省，體證本心，擴充四端，求放心而加以存養吧了，不一定要接受現代效益主義的一套道德推理方式；但是，現實上，我們既不都是堯舜（堯舜性之），甚至可能連時刻提撕警醒的湯武也不是（湯武反之），那麼，去認取一套體現儒家精神的道德推理規則，俾使我們在日常生活上所作的道德判斷，更能若合符節，大抵對於我們的道德培養，是有幫助的。我的想法是，現代效益主義或可充此任

⓬　同上，＜里仁篇＞。
⓭　要成為一完整的道德理論，現代效益主義也必須預設道德的根源。

務。認取現代效益主義，作為指導行為的原則，並不可將之視為他律的道德原則，因為認取該原則本身，以及該原則所要求的程序，都可看成是本心發用所要求於道體主體的⓮。

　　雖然儒家不排斥現代效益主義，且可借用它的道德推理方法，但現代效益主義因為只停留在經驗的道德語言分析的層面上，沒有建立道德的主觀根據，所以未必接受具有完備的道德形上學的儒家，這點實是現代效益主義的局限與缺憾。我們已討論，在對實然的道德語言的分析，以及對實然世界及人性的經驗假設之上，建立道德的基礎，是不穩固的了，於此不再贅。

⓮　當然人可以盲目遵守效益原則而不作反省，正如仁義禮智也可淪為外在的禮儀規範一樣。

第六章 儒家與指令論—知行合一說

　　指令論是赫爾主張的後設倫理學，亦是他整套道德學說的基礎。他認爲，道德判斷是指令的，即，假若同意「我應該做X」的判斷，便須接受「讓我做X」這指令。如果在時機到來時，不去做 X，而做 X 又是我的能力（生理的與心理的）所及的，那麼，我便不是眞誠地作「我應該做 X」的判斷，否則是自相矛盾的。赫爾反對描述主義，就是因爲後者認爲道德判斷只是對於行爲之具有某些性質的描述，道德判斷因而不會影響我們的抉擇及行爲，而出現「我知道這是不對的，那又如何？」的道德觀（the 'so what?' morality），那是與赫爾對道德的根本理解相違的。

　　赫爾視道德的功能爲規範及指導我們的行爲，所以作道德判斷是一種介入（commitment），與我們的行爲息息相關，我們並不能對於有關判斷的行爲袖手旁觀。假如赫爾將道德語言的指令性建基於上述對於道德的理解，那麼，道德語言只是在該理解下應該是指令的，這似乎削弱了指令論之爲客觀必然的力量。另一方面，赫爾也宣稱，關於道德語言的邏輯特性，乃來自語言直覺，這說法保存了指令論的必然性，但現實上一些民族非指令地使用道德語言的事實，便足以反證指令論作爲「人如何使用道德語言」的描述理論。這兩難顯示指令論並非建立在一牢不可破的基礎之上。

　　假設我們接受指令論這學說，卽是說，假設我們接受：如果我們同

意「應該做X」這判斷，又如果我們是眞誠的，且做X是在我們的能力範圍之內，那麼，我們在做X的時機不去做 X，是自相矛盾的。然而，違背邏輯 （自相矛盾） 的罪名並不會使 我們變得言行一致，麥吉說得對：「一邏輯或語意上的眞理，對於我們的信念，並無眞正的約制力，以此類比，上述的眞理對於行爲或指令或評價或方針的抉擇，也無眞正的約制力。」❶我們可以選擇不使用道德語言（因而成爲非道德主義者），或者使用道德語言時，不取其全部意含 （例如「加括號」地用道德字詞或作次等評價）。換句話說，我們在接受道德判斷時，並不一定生起「去做」的動力。歸根究底，這問題出現在，指令論作爲一種後設倫理理論，只是分析道德字詞的涵義，對我們的意志及行動的發動，是沒有推動或約束力量的。如果同意這看法，便會見到，爲何赫爾說，邏輯要求我們指令判斷中的行動以及普遍化道德判斷時，我們感到邏輯已逸出本身的領域，而有僭越之嫌了。

　　赫爾將他的道德學說建立於倫理分析之上，只想指出，凡使用道德字詞的，便要接受某道德原則 （形式的而非實質的） 的必然性，另一方面，是避免預設一些自明的道德公理。他建立學說的途徑如下：從語言直覺→道德語言的邏輯→道德原則，他不直接建立道德原則，是認爲這做法乃依賴道德直覺，而道德直覺是不可靠的（在此指對於建立根本的道德原則言），故寧願走一迂廻曲折的途徑，以語言直覺取代道德直覺，如此，就算撤除語言直覺是否比道德直覺穩固得多的問題（對後者的質疑可也適用於前者？）不管，他也沒有察覺，在關於語言之邏輯與關於行爲之道德之間，存在着一鴻溝，正如關於事實的描述與關於行爲之道德之間，存在着鴻溝一樣。邏輯與道德間的鴻溝不能跨越的話，赫

----

❶ *Ethics: Inventing Right and Wrong*, op. cit.,p. 98.

爾想將道德學說建立於語言分析之上的苦心孤詣，便是白費了。

　　儒家不作道德語言的分析，卻從道德根源出發，確立本心，保證了道德之可能。道德心能自訂道德規律；它不單知善知惡，還好善惡惡，「如好好色，如惡惡臭」，就像對於美麗的事物的喜愛，對於難聞的氣味的厭惡一樣自然而必然。換句話說，當我們依據本心作出「做X是好的」判斷時，本心同時使我們傾向於做X；本心除具備分辨善惡的能力外，還具發動行為的能力，所以，本心的發用，是即知即行的。《傳習錄上》載：

　　愛曰：「如今人儘有知得父當孝、兄當弟者，卻不能孝、不能弟，便
　　是知與行分明是兩件。」

　　先生曰：「此已被私欲隔斷，不是知行的本體了。未有知而不行者；
　　知而不行，只是未知。聖賢教人知行，正是要復那本體，不是着你只
　　恁地便罷。故大學指個眞知行與人看，說『如好好色，如惡惡臭。』
　　見好色屬知，好好色屬行。只見那好色時，已自好了；不是見了後，
　　又立個心去好。聞惡臭屬知，惡惡臭屬行。只聞那惡臭時，已自惡了；
　　不是聞了後，別立個心去惡。」❷

　　知行本來合一，不合只因私欲阻隔而已。又：

　　「知是行之始，行是知之成。聖學只是一個工夫，知行不可分作兩件
　　事。」❸

　　「知之眞切篤實處卽是行，行之明覺精察處卽是知。知行工夫本不可
　　離。只爲後世學者分作兩截用功，失卻知行本體，故有合一並進之
　　說。」❹

　　知行同時並起，知善知惡、好善惡惡、為善去惡是本心徹底發用而

────────────

❷　王陽明，〈傳習錄上〉。
❸　同上。
❹　〈傳習錄中〉，〈答顧東橋書〉。

當下完成的。知行本源既一，道德判斷與行動之間便無距離。況且，從道德語言的分析建立道德判斷的指令性，一如指令論所作的，縱使成功，如上所述，我們可以選擇不使用道德語言，或只取其部分意含來使用，如此，道德判斷的制約性或指令性便有局限；然而，儒家以道德根源來證立道德乃即知即行，且因本心具絕對普遍性，人皆有之，故人不能逃避成爲道德主體。

儒家雖然不作語言分析，但由於在儒家理論下，道德判斷具有道德的約束力，逼令我們依判斷行事，所以借用語言分析的術語，可說儒家所言的道德原則，有指令的特性。儒家亦必然反對描述主義，以其以道德判斷只爲對於事物具備某些特性的描述，而無道德承擔也。

赫爾以爲邏輯有統御意志的能力，因此沒有將意志作爲一獨立機構（faculty）看待，當人不遵守道德指令時，便歸咎於意志薄弱，並視人的意志力是既定的事實，不求改變。儒家則視超越意志爲道德的根源，縱或一時爲私欲所蔽，仍可憑意志本身的能力使其回復本性（誠意），故儒家哲學中，有教人修養、求放心、誠意、正心、慎獨、致良知等種種實踐的學問，且佔整套道德哲學的重要部分。反觀赫爾，他雖然承認道德直覺在直覺思維層中的作用，但因缺乏對道德本源的覺醒，故以爲只要加強灌輸，使某些直覺或初步原則在人心內根深蒂固，便可使我們在作道德判斷時，不易退縮，但這種做法，因一方面沒有肯定超越的本心，只靠後天的教育，受教育的人是被動的，面對道德抉擇也只能依規矩而作，不能自作主宰，故不保證有能力克服利誘；另一方面，用教育方法灌輸的初步原則，並無必然性，當一旦原則深植人心，及至在某些場合不適用時，便難以捨棄，又根據效益原則，這種牢固的直覺本身已成爲一抗衡的力量，阻止我們去做應做的，因而有狂熱分子的出現。何況，若要改變人們現存的取捨及欲望，使趨於美好，便需超越的、非經

驗的判斷能力，這在赫爾，唯天使長才具備，在儒家，則人人皆有此靈知明覺，亦皆有不為經驗條件所影響的能力，而作自我主宰,隨機妙用。

參 考 書 目

＜論語＞。

＜孟子＞。

＜荀子＞，＜大略篇＞。

＜象山全集＞卷一。

王陽明，＜傳習錄＞。

莫兆鳳，「功利主義評析」，＜鵝湖＞，一九八四。

馮耀明，「赫爾規定論的邏輯問題」，＜鵝湖＞，一九八三。

傅偉勳，'Hare's Prescriptivism', ＜哲學論評＞，一九七一年七月。

Arrington, Robert L., 'A Defense of Ethical Relativism', *Meta-philosophy,* (1983)

Becker, Lawrence C., 'The Finality of Moral Judgements: A Reply to Mrs. Foot', *The Philosophical Review,* (1973)

Blackburn, S. W., 'Moral Realism', John Casey ed., *Morality and Moral Reasoning,* (Methuen & Co. Ltd., 1971)

Blackstone, William T., 'Are Metaethical Theories Normatively Neutral?', *Australasian Journal of Philosophy,* (1961), reprinted in K. Pahel & M. Schiller, eds., *Readings in Contemporary Ethical Theory,* (Prentice-Hall, Inc., 1970)

Brandt, R., 'Toward a Credible Form of Utilitarianism', H. Castañeda & G. Nakhnikian eds., *Morality and the Language of Conduct,* (Wayne U. P., 1963)

——, 'Book Review of Freedom and Reason', *Journal of Philosophy,* (1964)

——, 'For the Greatest General Good', *Time Literary Supp.,* No. 4135, (July, 1982)

Castañeda, Hector-Neri, 'Imperatives, Decisions and "Ought": A Logio-Metaphysical Investigations', *Morality and the Language of Conduct,* op. cit.

Conway, David, 'Description and Evaluation', *Mind* (1972)

Donagan, Alan, ' Mr. Hare and the Conscientious Nazi ', *Philosophical Studies,* (1965)

Emmet, Dorothy, ' Universalizability and Moral Judgement ', *Philosophical Quarterly,* (1963)

Falk, W. D., ' Goading and Guiding ', *Mind,* (1953)

Feldman, Fred, ' Hare's Proof ', *Philosophical Studies,* (1984)

Foot, Philippa, ' Moral Beliefs ', *Proceedings of the Aristotelian Society,* (1958), reprinted in W. D. Hudson ed., *The Is-Ought Question,* (Macmillan, 1979)

——, ' Goodness and Choice', *Proc. Arist. Soc. Supp.,* (1961), reprinted in *The Is-Ought Question, op. cit.*

——, ' Morality as a System of Hypothetical Imperatives ', *Philosophical Review,* (1972), reprinted in P. Foot, *Virtues and Vices,* (Basil Blackwell, Oxford, 1978)

——, ' A Reply to Professor Frankena ', *Philosophy,* (1975)

——, ' Are Moral Considerations Overriding ', *Virtues and Vices, op. cit.*

——, ' Moral Relativism ', Michael Krausz & Jack W. Meiland eds., *Relativism: Cognitive and Moral,* (U. of Norte Dame Press, 1982)

——, ' Moral Realism and Moral Dilemma ', *The Journal of Philosophy,* (1983)

Frankena, W. K., *Ethics,* (Prentice-Hall, 1963)

——, ' The Philosopher's Attack on Morality', *Philosophy,* (1974)

——, ' The Naturalistic Fallacy ', P. Foot ed., *Theories of Ethics,* (Oxford U. P., 1977)

Gauthier, David P., ' Hare's Debtors', *Mind,* (1968)

Geach, P. T., ' Good and Evil', *Analysis,* (1956), reprinted in *Theories of Ethics, op. cit.*

Gensler, Harry J., ' The Prescriptivism Incompleteness Theorem ', *Mind,* (1976)

——, ' How Incomplete Is Prescriptivism? ', *Mind,* (1981)

Glover, J., ' It Makes No Differences Whether Or Not I Do It ', *Proc. Arist. Soc. Supp.,* (1975)

Gosling, J., *Pleasure and Desire,* (Oxford U. P., 1969)

Hare, R. M., *The Language of Morals,* (Oxford U. P., 1952)

——, ' Universalizability ', *Proc. Arist. Soc.,* (1954-55)

——, ' Geach: Good and Evil ', *Analysis,* (1957), reprinted in *Theories of Ethics,* op. cit.

——, ' Ethics ', J. O. Urmson ed., *The Concise Encyclopedia of Western Philosophy and Philosophers.* (New York, Hanthorn, 1960)

——, *Freedom and Reason,* (Oxford U. P., 1963)

——, ' Descriptivism ', *Proc.* British *Academy,* (1963), reprinted in *The Is-Ought Question,* op. cit.

——, ' The Promising Game ', *Revue Internationale de Philosophie,* (1964), reprinted in *The Is-Ought Question,* op. cit.

——, *Practical Inferences,* (Macmillan, 1971)

——, ' The Argument from Received Opinion ', *Essays On Philosophical Method,* (Macmillan, 1971)

——, ' Principles ', *Proc. Arist. Soc.,* (1972-73)

——, ' Wrongness and Harm ', *Essays On the Moral Concepts,* (Macmillan, 1971)

——, ' Ethical Theory and Utilitarianism ', H. D. Lewis ed., *Contemporary British Philosophy 4,* (Allen and Unwin, 1976), reprinted in A. Sen & B. Williams eds., *Utilitarianism and Beyond,* (Cambridge U. P., 1982)

——, ' Relevance ', A. J. Goldman & J. Kim eds., *Values and Morals,* (Reidel, 1978)

——, ' Utilitarianism and the Vicarious Affects ', E. Sosa ed., *The Philosophy of Nicholas Rescher,* (Reidel, 1979)

——, *Moral Thinking: Its Levels, Method, and Point,* (Clarendon Press, Oxford, 1981)

——, Mackie, J. & Singer, P., 'Universalization and Utilitarianism ', (unpublished)

Harman, Gilbert, ' Moral Relativism Defended ', *The Philosophical Review,* (1975)

Harris, J., ' Williams on Negative Responsibility and Integrity ', *Philosophical Quarterly,* (1974)

Harsanyi, J. C., ' Morality and the Theory of Raitional Behaviour ', *Utilitarianism and Beyond,* op. cit.

Haslett, D. W., ' Hare on Moral Thinking ', *The Journal of Value*

Inquiry, (1984)

Hollis, M., ' Rational Man and Social Science ', R. Harrison ed., *Rational Action.* (Cambridge U. P., 1979)

Hudson, W. D., *Modern Moral Philosophy,* First Edition, (Macmilïan, 1970), Second Edition, (1983)

——, *Ethical Intuitionism,* (Macmillan, 1967)

——, ' The Is-Ought Controversy ', *Analysis,* (1965), reprinted in *The Is-Ought Question,* op. cit.

——, ed., *The Is-Ought Question,* op. cit.

Jagger, Alison, ' It Does Not Matter Whether We Can Derive "Ought" from "Is" ', *Canadian Journal of Philosophy,* (1974)

Lear, Jonathan, ' Ethics, Mathematics and Relativism ', *Mind,* (1983)

Lyas, Colin, ' Review of Moral Thinking ', *Philosophical Investigation,* (1984)

Lyons, William, ' Is Hare's Prescriptivism Morally Neutral? ', *Ethics,* (1972)

Mackie, J. L., *Ethics: Inventing Right and Wrong,* (Penguin Books, 1977)

MacIntyre, Alasdair, ' Imperatives, Reasons for Actions, and Morals ', *Journal of Philosophy,* (1965)

Margolis, Joseph, ' Moral Utterances and Imperatives ', *Journal of Philosophy,* (1965)

——, ' The Nature and Strategies of Relativism ', *Mind,* (1983)

Martin, Robert M., ' What Follows from "I Promise···"? ', *Canadian Journal of Philosophy,* (1974)

McClellan, J. & Komisar, B. P., ' On Deriving "Ought" from "Is" ', *Analysis,* (1964), reprinted in *The Is-Ought Question,* op. cit.

McCloskey, H. J., *Meta-Ethics and Normative Ethics,* (Martinus Nijhoff, The Hague, 1969)

——, ' Universalized Prescriptivism and Utilitarianism: Hare's Attempted Forced Marriage ', *The Journal of Value Inquiry,* (1979)

McDermott, Michael, ' Hare's Argument for Utilitarianism ', *Philosophical Quarterly,* (1983)

McMahon, Christopher Alle, *Morality and Expression,* (University Microfilms International, 1979)

McNeilly, F. S., ' Promises De-Moralized ', *Philosophical Review*, (1972)]

Meiland, Jack W., ' Bernard Williams' Relativism ', *Mind*, (1979)

Milo, Ronald D., ' Amorality ', *Mind*, (1983)

Monro, D. H., ' Impartiality and Consistency ', *Philosophy*, (1961)

Moore, G. E., *Principia Ethica*, (Cambridge U. P., 1903)

Müller, A. W., ' Radical Subjectivity: Morality Versus Utilitarianism ', *Ratio*, (1977)

Nickel, James W., ' Hare's Argument from Linguistic Change ', *Ethics*, (1969)

Nagel, Thomas, ' The Excessive Demands of Impartiality ', *London Review of Books*, V. 4, No. 12, (July, 1982)

Nielsen, Kai, ' On The Diversity of Moral Beliefs ', *Cultural Hermaneutics 2*, (1974)

——, ' Why Should I Be Moral? Revisited ', *American Philosophical Quarterly*, (1974)

Overvold, Mark Carl, ' Morality, Self-Interest, and Reasons for Being Moral ', *Philosophy and Phenomenology Research*, (1984)

Phillips. D.Z. & Mounce, H. O., ' On Morality's Having a Point ', *Philosophy*, (1965), reprinted in *The Is-Ought Question*, op. cit.

Phillips, D. Z., ' In Search of the Moral "Must": Mrs. Foot's Fugitive Thought ', *Philosophical Quarterly*, (1977)

Pollock, Lansing, ' Freedom and Universalizability ', *Mind*, (1977)

Prichard, H. A., ' Does Moral Philosophy Rest on a Mistake? ', *Mind*, (1912), reprinted in Wilfrid Sellars & John Hospers eds., *Readings in Ethical Theory*, (Appleton-Century-Croft, Inc., 1952)

Rescher, N., *Unselfishness*, (U. of Pittsburgh P., 1975)

Ross, W. D., *Foundations of Ethics*, (Oxford U. P., 1951)

Russell, Bruce, ' Moral Relativism and Moral Realism ', *The Monist*, (1984)

Scarrow, David S., ' Hare's Account of Moral Reasoning ', *Ethics*, (1966)

Searle, John R., ' How to Derive "Ought" from "Is" ', *The Philosophical Review*, (1964), reprinted in *The Is-Ought Question*, op. cit,

——, ' Deriving "Ought" From "Is": Objections and Replies ', *The*

Is-Ought Question, op. cit., Appendix.

Sen, A. & Williams, B., *Utilitarianism and Beyond,* op. cit.

Sher, George, ' Review of Moral Thinking ', *Noũs,* (1984)

Shwayder, D. S., ' The Moral Inconsequence of Injunction ', *Journal of Philosophy,* (1965)

Sidgwick, Henry, *The Methods of Ethics,* (Dover, 1966)

Singer, Peter, ' The Triviality of the Debate Over "Is-Ought" and the Definition of "Moral" ', *American Philosophical Quarterly,* (1973)

Smart, J. J. C., ' An Outline of a System of Utilitarian Ethics ', in J. Smart & B. Williams, *Utilitarianism: For and Against,*(Cambridge U. P., 1973)

Strawson, P. F., ' Ethical Intuitionism ', *Philosophy,* (1949), reprinted in *Readings in Ethical Theory,* op. cit.

Sparshott, F. E., ' Critical Study of Freedom and Reason ', *Phi oso-phi cal Quarterly,* (1964)

Stace, Walter Terance, *The Concept of Morals,* (Macmillan, 1937)

Stout, A. K., ' But Suppose Everyone Did the Same ', *The Australasian Journal of Philosophy,* (1954)

Telfer, E., ' Friendship ', *Proc. Arist. Soc ,* (1970-71)

Thomson, James and Judith,' How Not To Derive "Ought" from"Is"', *The Philosophical Review,* (1964), reprinted in *The Is-Ought Question,* op. cit.

Thornton, M. T., ' Hare's View of Morality ', *Mind,* (1971)

Torrance, Stephen B., ' Prescriptivism and Incompleteness ', *Mind,* (1981)

Tuck, R., ' Is There a Free-Rider Problem, and If So, What Is It? ', *Rational Action,* op. cit.

Turnbbull, Robert G., ' A Note on Mr. Hare's "Logic of Imperatives" ', *Philosophical Studies,* (1954)

Versenyi, Laszlo, ' Prescription and Universalizability ', *Journal of Value Inquiry,* (1972)

Ward, Andrew, ' Morality and the Theories of Universalizability ', *Mind,* (1973)

Wheeler, A. M., ' On Moral Nose ', *Philosophical Quarterly,* (1977)

Werner, Richard, ' Ethical Realism ', *Ethics,* (1983)

Wiggins, David, ' Truth, Invention and the Meaning of Life ', *Proc. British Academy 67,* (1976)

Williams, Bernard, *Morality: An Introduction to Ethics,* (Cambridge U. P., 1972)

——, ' Ethical Consistency ', *Problems of the Self,* (Cambridge U. P., 1973)

——, ' Consistency and Realism ', *Problems of the Self,* op. cit .

——, ' A Critique of Utilitarianism ' in *Utilitarianism: For and Against,* op. cit.

——, ' The Truth in Relativism ', *Relativism: Cognitive and Moral,* op. cit.

史地類

滄海叢刊書目